UWE BÖSCHEMEYER

# LOS NUEVE ROSTROS DEL ALMA

Eneagramas y psicología,
un libro práctico para conocerse
y ayudarse a sí mismo



EDICIONES OBELISCO

Si este libro le ha interesado y desea que le mantengamos informado de nuestras publicaciones, escríbanos indicándonos qué temas son de su interés (Astrología, Autoayuda, Ciencias Ocultas, Artes Marciales, Naturismo, Espiritualidad, Tradición...) y gustosamente le complaceremos.

Puede consultar nuestro catálogo en www.edicionesobelisco.com

**Colección Psicología**
Eneagrama. Los nueve rostros del alma
*Uwe Böschemeyer*

1.ª edición: febrero de 2004
4.ª edición: noviembre de 2022

Título original: *Vom Typ zum Original*

Traducción: *Gerhard E. Solbrig*
Maquetación: *Natàlia Campillo*
Diseño de cubierta: *TsEdi, Teleservicios Editoriales, S. L.*



Edita: Ediciones Obelisco, S. L.
Collita, 23-25. Pol. Ind. Molí de la Bastida
08191 Rubí - Barcelona - España
Tel. 93 309 85 25
E-mail: info@edicionesobelisco.com

ISBN: 978-84-9111-352-2
Depósito Legal: B-52.980-2005

*Printed in Spain*

Impreso en España en los talleres gráficos de Romanyà/Valls S. A.
Verdaguer, 1 - 08786 Capellades (Barcelona)

# PRÓLOGO

Un Original es algo auténtico, verdadero. No hay dos originales iguales. Los cuadros, por ejemplo, pueden ser originales. ¿Pero esto también se puede aplicar a las personas?

Sí y no.

Un Tipo no es un Original. Un Tipo es una estructura que no sólo aparece una vez, sino muchas.

Las personas son originales, ya que en realidad no son iguales entre sí. Pero a la vez, las personas también son Tipos: tienen características y comportamientos que también aparecen en otras personas.

Pero lo que realmente libera al ser humano en su vida, no es lo típico que hay en él, sino su originalidad. Lo típico oprime y mitiga su existencia mientras que lo auténtico justifica su amor por la vida. Por ello es importante que el ser humano supere lo típico, ya que le limita, y que goce de aquello que le favorece. Ambas tareas se pueden llevar a cabo sólo a condición de que el ser humano se extienda hacia su originalidad.

¿Y qué es la originalidad humana? La persona interior, lo propio en ella, su propio ser.

Le prometo, estimado lector, que juntos pasaremos horas emocionantes si nos centramos en las siguientes preguntas: ¿cómo son las personas? y ¿cómo podrían *llegar* a ser?

## *Prólogo*

Confieso que a menudo he leído apresuradamente la introducción de un libro. Debo pedirle que no siga mi mal ejemplo, ya que si lo hiciera, no podría transmitirle el propósito de este libro.

También ruego a las lectoras que sean comprensivas si al hablar de una parte de eneagrama me refiera a menudo a «él». No es mi intención en absoluto pensar solamente en los hombres. También pienso en las mujeres. Pienso en las personas.

UWE BÖSCHEMEYER,
Bendestorf, Nordheide, febrero de 1994.

# Introducción

1. Cuanto más ayudo a las personas a desarrollar su personalidad, más esperanzas tengo de que la vida humana funcione. Me sorprende que en mi juventud me transmitieran una imagen de la persona en la cual tenía poca cabida tal esperanza. Más tarde, en mi trabajo, fui testigo de grandes miserias, muchas locuras y, frecuentemente, de vidas malogradas.

La razón de mi esperanza radica, ante todo, en la *experiencia* de que las personas que conocen el alcance y la profundidad de su mundo interior, comienzan a verse a sí mismos y al mundo de modo diferente.

En estos tiempos mi esperanza también ha aumentado, aunque no cierro los ojos a las enormes amenazas que ello comporta. Conservaré esta esperanza mientras pueda esperar que seguiremos preguntándonos quién es el hombre, qué necesita y de qué es capaz.

Supongo que estas preguntas irán adquiriendo hoy un tono más pasional que antes, porque se sabrá que las tareas vitales de defensa del medio ambiente sólo se pueden cumplir si también tenemos en cuenta la necesidad vital de proteger «el ambiente interior» de la persona.

Las personas de nuestro tiempo no sufrirían si no intuyeran su bondad interior. No serían tan violentas con ellas mismas, ni con los demás, si no tuvieran *visiones* sobre el amor.

No se sentirían desesperadas tan a menudo por la falta de seguridad, si no tuvieran *sueños* de su hogar interior. No se lamentarían tanto de sus crisis de sentido si no tuvieran un *conocimiento primitivo innato* para captar el sentido de la vida.

Las intuiciones, las visiones, los sueños, el conocimiento primitivo, son fenómenos escondidos que no se esperan del porvenir, sino que forman parte de una realidad *posible de experimentar* con la cual nos enfrentarnos a diario al trabajar con personas.

Cuanto más trabajo con las personas y analizo lo que han escrito, más convencido estoy de que sabemos muy poco de nosotros mismos, de nuestros objetivos, de quiénes somos *en realidad* y de lo que *en realidad* podemos hacer. Por ello a veces se apodera de mí una gran ira cuando me doy cuenta de que sabemos más sobre inversión de fondos de inversión, ordenadores y hoteles de lujo en el Caribe, que sobre nuestro propio mundo interior. Es un hecho que de la atención que dedicamos a conocernos a nosotros mismos dependen muchos más factores que sólo los exteriores.

La crisis permanente en la cual nos encontramos en todo el mundo es la consecuencia primaria del descuido crónico de las personas y de lo que éstas como seres humanos necesitan para llevar una vida acertada. Y esta consecuencia es algo más que el simple destino.

Una razón fundamental por la cual se trata a las personas de manera inadecuada es la actitud negativa que éstas tienen de sí mismas. En el siglo XIX hemos descubierto, ante todo, por qué el ser humano es tan limitado como parece. Por ello, nos hemos centrado en aquellas condiciones, medidas y estructuras exteriores necesarias para el hombre, para que sea capaz de vivir de manera aceptable dentro de sus límites. Este desarrollo es comprensible, ya que en el siglo XX se han demostrado los límites y los abismos de las personas como en ningún otro siglo.

Aunque es comprensible y en parte importante la manera en que las personas se han enfrentado a sus limitaciones como seres humanos y sus causas, nos hemos adentrado muy poco en el descubrimiento de las *posibilidades* humanas específicas y sus razones.

Hemos estudiado el ser humano unilateralmente y por ende hemos aprendido a observarlo sólo parcialmente, es decir de manera negativa. Pero una *ley fundamental* de la vida dice que una persona sólo puede desarrollarse adecuadamente si *también* se interesa por lo que es capaz o por lo que puede llegar a ser. El arte de educar a los niños es un justificante sólido para ello. La vida no puede realizarse sin que el ser humano se plantee una meta atractiva.

Este libro pretende defender al ser humano y demostrar que su vida puede funcionar. Pretende animarnos a que no sólo conozcamos los poco conocidos campos del espíritu y del alma, sino también a que experimentemos toda su fuerza fascinante. No es mi intención olvidar aquello que nos limita, pero ante todo quiero concentrarme especialmente en aquello que nos libera.

**2.** Durante mucho tiempo he dado demasiada importancia a la originalidad del ser humano y al hecho de ser inconfundible. A lo largo de los años me ha asombrado lo mucho que se asemejan los problemas humanos y la manera en que los abordamos. En mi opinión este fenómeno se debe a que todos nosotros pertenecemos a la especie humana. He llegado a comprender lo que C. G. Jung dijo en su día:

> «La individualidad pertenece a las realidades necesarias que recibe demasiada importancia por su importancia práctica; no pertenece a aquellos hechos imponentes y claros, que por esta razón se convierten en hechos generales...»
>
> *Heros und Mutterarchetyp, Grundwerk*, t. 8, pág. 13.

Un buen día cayó en mis manos un libro que hablaba sobre los «eneagramas», una doctrina de los tipos, que procede de la sabiduría oriental Sufí. En él se describían nueve estructuras humanas diferentes. Esta sabiduría ha sido estudiada por muchos literatos contemporáneos. Abrí el libro de manera reacia, simplemente porque era el único que encontré en la sala donde me encontraba.

La lectura de ese libro me cautivó. Cada Tipo allí descrito me recordaba a alguien que conocía bien. El modo en que estaban descritos era asombroso. En ocasiones me pareció como si describieran a personas concretas. Me sorprendió especialmente leer mi propio Tipo y ver descritas muchas de mis aparentes cualidades individuales y modos de conducta. En mí se alternaban la resistencia respecto a razonamientos represivos y la curiosidad de nuevos descubrimientos.

A partir de entonces me he dedicado a analizar el eneagrama, lo cual hace tiempo que se ha convertido en una parte importante de mi trabajo. He conocido a muchas personas que, como yo, se asombraron y se mostraron reacias cuando empezaron a analizar su propio Tipo. Sin embargo, casi ninguna de ellas, en cierta manera, pudo apartarse de esta tarea de conocerse a sí mismo.

Este no es el típico libro sobre eneagramas, ya que parte de los «clásicos». [Cuando hablo de clásicos, me refiero, por ejemplo, a Helen Palmer: *Das Eneagramm*, (Munich 1991); Don Richard Riso: *Die neun Typen der Persönlichkeit und das Eneagramm*, (Munich 1990); Richard Rohr/ Andreas Ebert: *Das Eneagramm*, (Munich 1990)]. Mi intención en este libro es presentar esta tipología en un contexto más amplio y analizarla bajo mi punto de vista.

**3.** Seguidamente quiero describir al ser humano como un *ser genérico* y con ello extraer varias consecuencias. Para mí este apartado es fundamental. Un ser humano es, respecto a su naturaleza, un *ser humano* y no un Tipo. Un análisis exclusivo del eneagrama puede dar lugar a que el lector se sienta totalmente identificado con su Tipo y por ello se niegue a discutir su estructura.

A continuación describiré en su contexto los *más importantes* fenómenos de la tipología para demostrar de qué manera están unidos entre sí.

Presentaré las características y los comportamientos basados en el Tipo, tanto desde el punto de vista positivo como del negativo. De esta manera el lector podrá decidir por sí mismo qué fenómenos le afectan y cuáles no. El hecho de que presente primero el aspecto positivo tiene que ver con la intención general de este libro. Necesitamos los ideales y los valores nacidos del espíritu para orientarnos en nuestra vida concreta.

Considero importante hablar mi propio lenguaje, y no usar un «lenguaje del eneagrama». También me parece importante evitar cualquier tipo de aproximación moralista, ya que al hablar con y sobre las personas no hay nada peor que juzgarlas. No se trata de que una persona deba justificar *de qué manera* ha llegado a identificarse con su Tipo. Sólo es responsable del uso que hace del mismo. Al querer juzgar esta cuestión, el ser humano tan sólo llegará a la consecuencia de que no se conoce a sí mismo lo suficiente.

Después de la presentación de la tipología mostraré los caminos que puede seguir cada Tipo, los cuales le pueden llevar del Tipo al Original, dentro de sus posibilidades, y que además pueden ayudarle a ser consciente de que él *también* es original e inconfundible.

Sólo describiré aquellos caminos que han resultado especialmente útiles con la práctica. Algunos de ellos se pueden recorrer sin ayuda especializada, otros requieren la supervisión de un experto, como por ejemplo el relacionado con «la imaginación orientada hacia los valores», en sí una parte esencial de mi trabajo. Quien haya experimentado durante mucho tiempo la «imaginación orientada hacia los valores» bajo supervisión, quizá será capaz de aplicarla a sí mismo más adelante.

Para terminar haré un resumen de las ayudas en forma de directrices. Existen ayudas específicas para cada Tipo, muchas de las cuales son aplicables a todas las personas.

El «programa» de este libro se podría resumir con el siguiente enunciado: *Desarrollo de la personalidad.* Quien amplíe su personalidad, estará más cerca de su propio ser. Quien esté más cerca de su propio ser, gozará más de lo que le pertenece. Quien goce más de sus posibilidades, adquirirá más libertad para sí mismo y para los demás. Quien adquiera más libertad, vivirá de manera más saludable. Quien viva de manera más saludable, se aceptará más a sí mismo. Quien se acepte más a sí mismo, aceptará mejor la vida en conjunto.

El programa de este libro quiere destacar justamente el *polo opuesto* de una psicoterapia/asesoramiento psicológico orientados a la patología y al conflicto. Trataré de justificar tal afirmación con cuidado: muchas formas de vida malograda, física y moralmente, son la expresión del sufrimiento del mundo interior, ya que el ser humano no ha encontrado el acceso adecuado a tales formas de vida. Por ello hay muchos trastornos que primariamente son retos para la búsqueda de una vida orientada al ser y al sentido. Pero una vida así es una vida auténtica.

# En defensa del ser humano

¿Quién es? ¿Qué necesita? ¿De qué es capaz?
*Treinta principios*

### 1. Del ser humano sólo se puede hablar de manera humana

Del *ser humano* sólo se puede hablar de manera *humana*. Esto lo consigue quien no habla de él sólo como un ser vivo entre otros, sino quien, ante todo, se refiere a su humanidad.

### 2. La esencia del ser humano es un misterio

La *esencia* de todo ser humano es un misterio. Es algo que no se puede explicar y sólo es comprensible de manera limitada.

> «El tesoro de vuestras profundidades infinitas necesita revelarse a vuestros ojos. Pero no existen balanzas para pesar vuestros tesoros desconocidos. Y no queráis explorar las profundidades de vuestro conocimiento con varas ni con sondas. Porque el yo es un mar sin límites y sin medidas.
> No digáis: "Encontré la verdad".
> Decid más bien: "Hallé una verdad".
> No digáis: "Encontré el camino del alma".
> Decid más bien: "Hallé el alma andando por mi camino".
> Porque el alma anda por todos los caminos.
> El alma no marcha en línea recta, ni crece como una caña.

El alma se despliega como una flor de loto de pétalos innumerables.»

KAHLIL GIBRAN,
*El profeta*, Ediciones Obelisco, 2002, pág.75sigs.

**3. Todo ser humano está definido por tres hechos**

Todo ser humano pertenece a la *especie* humana.
Todo ser humano pertenece a un *Tipo*.
Todo ser humano como tal *es* ante todo *persona*.

**4. Todo ser humano es libre y, a la vez, está ligado**

El ser humano es libre y está ligado al mismo tiempo.
Está *ligado*

a sus genes,
a sus impulsos,
a su educación,
a su entorno,
a su tiempo,
a su planeta,
al cosmos.

A pesar de ello, el ser humano, en la medida de sus posibilidades, *puede* comportarse libremente respecto a los demás.

La vida humana es «ser decisivo» y por ello, «ser libre», afirmaba Karl Jaspers y en este mismo sentido, Victor E. Frankl decía que ser hombre significa «poder ser siempre también de otra manera».

Y él no puede cambiar las cosas de la vida en sí, pero sí puede cambiar su *actitud*.

A aquello que es libre en el ser humano lo llamamos *persona*. La persona es lo que otorga la calidad de humano al ser humano. En cambio, lo que *realiza* completamente a la persona es el *espíritu.*

## 5. El espíritu es creador ¿Qué es el espíritu?

«El viento sopla alrededor de la casa.
Susurra, silba, azota y a veces incluso parece querer destruir el gran edificio.
No lo veo; tan sólo veo aquello que mueve.
Lo oigo, pero no lo puedo tocar.
Me apoyo contra él y siento su fuerza.
Pero lo que se dice entenderlo, no lo entiendo.
El viento está ahí, presente. Eso es algo que nadie puede cuestionar, aunque nadie lo vea.

El espíritu se asemeja al viento. Al espíritu tampoco lo veo. Sólo veo lo que mueve a través de mí. Se me ocurren ideas y tengo la certeza de poder imponerlas; me veo capaz de convertirlas en realidad. Y de hecho las convierto en realidad.
El espíritu y el viento llegan de lugares que no conozco. Me llevan a lugares que no veo. Ahora el espíritu y el viento están ahí, los intuyo, los siento, son poderosos; son lo más cercano a la realidad.
Pero entenderlos, lo que se dice entenderlos, no puedo»

UWE BÖSCHEMEYER,
*Das Leben meint mich, Meditationen fur den neuen Tag,*
Editorial Lahr 1993, 18.5.

El espíritu es algo probado por la experiencia,
que no se puede justificar.
El espíritu es lo específico del ser humano.

El espíritu quiere vida,
crea vida,
es creador.
El espíritu nos hace libres,
responsables,
nos da esperanza.
El espíritu reconoce a la vida,
está formado por los valores de la vida,
siente todo los valores que justifican el sentido.
El espíritu es la capacidad del ser humano
de estar por encima de lo que le impide ser libre
y poder distanciarse de ello.
El espíritu también puede estar plenamente obstinado;
es la capacidad
no sólo de dejarse llevar, sino también de permanecer.
El espíritu aporta resistencia.
El espíritu actúa sobre cuerpo y alma,
repercute en cuerpo y alma,
puede sentirse en cuerpo y alma,
puede unirse en cuerpo y alma.
El espíritu anhela la totalidad.
El espíritu puede hacer de la miseria una virtud,
puede encontrar una actitud digna del ser humano
en el destino inalterable.
El espíritu ve lo fundamental e importante.
Al espíritu puedo negarlo.
Al espíritu puedo reprimirlo.
Un espíritu reprimido es represión
de lo humano del hombre.
Un espíritu reprimido provoca división en el hombre.
Un espíritu reprimido reclama ser liberado.
Un espíritu reprimido hace sufrir
al alma, al cuerpo, a todo el ser humano.

**6. Todo ser humano es una unidad de espíritu, alma y cuerpo**

Todo ser humano *es* cuerpo, *es* alma y *es* espíritu.

Es una *unidad* de cuerpo, alma y espíritu.

Estas dimensiones, de hecho, son diferentes en forma y expresión. Pero cada uno reproduce por sí misma la condición del ser humano.

**7. El alma experimenta. ¿Qué es el alma?**

> «El alma es lo que experimentamos, sentimos, recordamos, nos imaginamos. Es esa dimensión la que experimenta lo que gozan espíritu y cuerpo.
> El alma es personal e impersonal.
> El ámbito personal del alma es individual y único; lo impersonal es la huella de las experiencias de las vivencias humanas generales...»

C. G. JUNG,
*Inconsciente colectivo.*

Los procedimientos del alma no se pueden reconocer; quizá porque se expresen en imágenes, gestos, lenguas o comportamientos. Tampoco se pueden medir; únicamente se pueden comparar entre sí.

**8. El cuerpo sostiene al ser humano**

El cuerpo es lo único que se puede ver y por lo tanto explicar y medir en el ser humano. El cuerpo presenta la base vital del espíritu en la más estrecha relación con el alma.

A parte de sus características humanas típicas, el cuerpo humano tiene también características generales como cualquier otro ser vivo. Además, todo ser humano tiene su propia expresión individual (comparación del punto 5 hasta el 8 de P. H. Bresser: «Körper-Seele-Geist» en: E. Lukas: *Von der Trotzmacht des Geistes, Herder* - TB 1276, pág. 233 y sigs.)

Cuerpo y alma son, a decir verdad, la base vital del espíritu, aunque también lo limitan. Pero justamente por ello también constituyen un *reto* continuo para el espíritu.

## 9. Todo ser humano es único y original

Todo ser humano es *único y singular* en su unidad con cuerpo, alma y espíritu. Ningún ser humano es igual a otro y por ello no es intercambiable. Por esta razón, también tiene su historia, sus habilidades y su misión inconfundible.

De ello se deduce que sólo podrán aceptar su vida por completo aquellos que sigan su *propio* camino en la medida de lo posible.

Dado que todos los seres humanos pertenecen a la especie humana y también a un Tipo determinado, todos tienen aspectos en común y están unidos por sus condiciones legítimas.

## 10. Todo ser humano forma parte de la sociedad

Todo ser humano forma parte de la *sociedad* humana, y de la vida en sí. Por ello únicamente podrá aceptar su vida por completo quien, en la medida de lo posible, establezca relaciones con la vida que le rodea.

Todo ser humano es tanto *homo individualis* como *homo socialis*. Así, únicamente podrá aceptar su vida por completo aquel que goce, en la medida de lo posible, de ambos aspectos: de sí mismo y de su relación con los demás.

## 11. El motivo primario es el anhelo del sentido

El motivo *primario* de todo ser humano, de lo que él quiere *en realidad*, lo que ante todo le compromete en la vida, es su *anhelo del sentido*:

> El sentido es el tema central de mi vida,
> lo fundamental e importante;
> lo que me afecta a mí principalmente como persona,
> lo que me atañe directamente,
> lo que me hace querer existir,
> de lo que mi corazón quiere y puede depender,
> lo que da sentido a mi vida,
> lo que me llena,
> lo que me conforta,
> por lo cual nadie me puede representar,
> aquello por lo que me unifico conmigo mismo.
>
> VIKTOR E. FRANKL,
> *Der Mensch vor der Frage nach dem Sinn,*
> Munich/Zurich, 1979.

## 12. La autoaceptación es condición y consecuencia del encuentro del sentido

Una consecuencia fundamental de encontrar el sentido es la *autoaceptación*, la cual es a su vez una *condición*. Por ello, todo ser humano no sólo anhela el sentido, sino también *poder aceptarse a sí mismo*. Quien se acepta a sí mismo, siente que es bueno vivir, por sí mismo, por los demás y por la vida en su conjunto.

Quien se acepta a sí mismo se siente, dentro de sus limitaciones, libre y responsable, responsable *y libre*.

Sin embargo, ningún ser humano puede aceptarse a sí mismo de manera completa. En todo ser humano existen sentimientos fundamentales «negativos» que perdurarán en él mientras viva, sentimientos tales como la agresión, la melancolía, el miedo, aquello que el eneagrama denomina problemas fundamentales típicos.

### 13. La vida está estructurada por polos

La razón de estos sentimientos «negativos» reside en que la vida está determinada por un intercambio de estructuras polares.

La ley de la polaridad es algo habitual en la vida: el día y la noche, el calor y el frío, el nacimiento y la muerte, la naturaleza y el espíritu, el amor y el odio, el hombre y la mujer.

Desde el punto de vista de la ley de la polaridad, los sentimientos fundamentales «negativos» no implican simplemente que los seres humanos se resistan a entenderse a ellos mismos, sino que también representan *retos* para dirigirse a estos *polos opuestos*, también existentes en los seres humanos, por ejemplo la paciencia, la alegría, el valor, lo que el eneagrama llama posibilidades fundamentales típicas «positivas».

Quien por ejemplo sienta una agresión que le hiere o un miedo que le corroe, empezará a orientarse de manera más profunda utilizando la paciencia que todavía tiene escondida o el coraje que todavía no posee, siempre que su vida le parezca importante.

### 14. Todo ser humano a menudo actúa contra sí mismo

Todo ser humano, hasta que muera, experimenta repetidas veces, que no ha hecho lo adecuado para él y para la situación. La razón reside, *por una parte*, en la estructura polar del ser humano. Los polos «negativos» exigen su derecho a existir y a veces se imponen con tanta intensidad, que el espíritu no se puede con ellos. (La respuesta a la pregunta sobre la razón de la polaridad nos priva de nuestro horizonte del conocimiento, de la misma manera que supone la respuesta a la pregunta sobre el sentido del sufrimiento.)

*Por otra parte*, el ser humano experimenta también repetidamente, que muchas cosas que ha hecho sin estar conforme, las hubiera podido hacer *de modo diferente* de haber dispuesto de *libertad*.

## 15. El Sí-mismo es lo fundamental del ser humano ¿Qué es el Sí-mismo?

Una imagen: desde la Tierra tan sólo vemos la cara delantera de la Luna, y esto solamente en determinadas circunstancias.

Las otras caras únicamente se pueden intuir.

Si observamos nuestro Sí-mismo sucede lo mismo.

No lo vemos ni lo experimentamos totalmente, sino que si se da el caso, lo experimentamos de manera parcial y sólo intuitivamente.

¿Qué es por lo tanto el Sí-mismo?

«Sí-mismo» es una palabra abstracta para designar las *posibilidades* de cuerpo-alma-espíritu, propias de cada ser humano.

## 16. Todo ser humano es responsable de sí mismo

Todo ser humano es responsable *directo* de lo que hace de sus circunstancias. Él tiene su carácter, su familia, su entorno, su tiempo y su espacio cósmico y estos le marcan.

Pero *su tarea vital* consiste en comportarse lo más libremente posible frente a estas condiciones y marcarse constantemente a *sí mismo de nuevo*. *Ser persona* es el reto necesario para *convertirse en persona*.

**17. El problema primario del ser humano es el miedo**

El problema *primario* de todo ser humano es el miedo, aunque sea inconsciente. De hecho, se basa en que nadie *sabe* si alguien o algo mueve su vida y en la vida en general, si algo o alguien le mantiene, le protege o no le protege; nadie sabe tampoco si alguien o algo en la vida le aporta sentido. Por ello el miedo es el sentimiento más temido y, a la vez, el más reprimido.

**18. La posibilidad primaria del ser humano es el amor**

La posibilidad *primaria* del ser humano, de superar su miedo dentro de los límites de lo posible, es la *benevolencia* que muestra respecto a la vida, el *amor*.

Quien aprecia mucho su propia vida o la de los demás, va en *búsqueda* de aquello que da valor a la vida. Quien de buena voluntad busca los valores del amor, está dispuesto y es capaz de reconocerlo, ya que esta benevolencia agranda las perspectivas de la vida, mientras que el rechazo las limita.

La benevolencia se desarrolla a través de la *contemplación* de la vida concreta. Quien contempla la vida concreta empieza a reconocer su estructura.

Quien empieza a reconocer la estructura de lo contemplado, comienza a reconocer la esencia de aquello que contempla. Quien empieza a comprender la esencia de los seres humanos o de las cosas, empieza a amarla. Quien empieza a amar la vida de los otros, empieza a amarse a sí mismo.

**19. Todo ser humano es consciente e inconsciente de sí mismo**

Todo ser humano vive de forma consciente e inconsciente. El inconsciente, el mundo interior, es el lado nocturno de la vida humana. Este le pertenece de la misma forma que el sueño, sin el cual no puede vivir.

Entre el consciente y el inconsciente se da una transición fluida.

Cuanto más fácil es el acceso a su mundo interior, más fácil le resulta acceder a sus sentimientos fundamentales. Estos sentimientos son esas *fuerzas* del alma y del espíritu que determinan la calidad de su vida.

Cuanto más directo es el acceso a los propios sentimientos fundamentales, más directamente siente uno qué fuerzas frenan su vida y cuáles la favorecen. Por ello, la vida de un ser humano sólo puede funcionar, si vive desde su mundo interior, si vive *sintiendo* los elementos y, conforme a ellos, determinando así el transcurso de su trayectoria vital.

**20. Todo ser humano puede vivir, si vive con totalidad**

Cuanto más «profunda» sea la visión que adquiera el hombre de sí mismo, tanto más empezará a sorprenderse del misterio de su propio ser y de su vida. Cuanto más profundamente *experimente* esta visión, tanto más apreciará el *valor* de su propia existencia y de la vida en general.

Al mismo tiempo, le alegrará el descubrir que muchos aspectos de su vida concreta, que él consideraba parte del destino, en realidad se podían atribuir a una enorme falta de responsabilidad propia.

También empezará a intuir que la miseria de los pueblos no se puede considerar sólo como parte del destino. ¡Porque es el *ser humano* quien crea las estructuras! Pero las estructuras no pueden ser «humanas» si el ser humano no ha vivido de forma suficientemente humana. Los seres humanos *pueden* vivir si viven con *totalidad* y sólo lo conseguirán si se sienten a gusto en ambos «mundos»: en el consciente y en el inconsciente.

**21. El alma y el espíritu son ilimitados**

Cuanto más profunda sea la visión que uno adquiera de sí mismo, más profundamente intuirá la *ausencia de límites* en su alma y su espíritu. Como nuestra imagen del mundo es siempre consecuencia de la imagen que tenemos de nosotros mismos, aquel que intuya tal ausencia de límites empezara a hacerse preguntas evidentes sobre la razón de la vida de todos. Esto significa que la cuestión religiosa tiene una raíz demasiado humana, quizá sea la más humana de todas, desde el punto de vista del que empieza a experimentar su propio interior.

Pero si la cuestión religiosa fuera la más humana, entonces reprimirla tendría consecuencias graves para el individuo y para la vida.

**22. Los valores son necesarios para que la vida tenga sentido**

¿Qué camino puede y debe tomar un ser humano para que su vida funcione?

Los *fundamentos* para que una vida tenga sentido son los *valores*, los cuales ofrecen la posibilidad de experimentar el sentido. «Los valores son magnitudes dinámicas, como espejos ustorios, que recogen la fuerza de la vida».*

*Sentir* los valores es propio de todo ser humano. Esto radica, como todos los sentimientos humanos específicos, en el mundo interior.

El ser humano que se abre a sentir los valores de su mundo interior y que *busca* con cuerpo, alma y espíritu aquellos valores que le son válidos, intuye y experimenta *que*

* Alfried Längle: *Wertbegegnung*, actas del Congreso de la Sociedad de Logoterapia y Análisis Existencial, 6ª edición, 1991, pág. 25.

la vida es valiosa, que su *propia* vida es valiosa y *qué* valores le aportan sentido.

Otra condición para encontrar los valores que necesita el ser humano para hacer que su vida funcione es su *relación con la vida concreta*. Quien no se relaciona con la vida concreta, con él mismo, con otros seres humanos, con la naturaleza, el arte, etc., se mantiene separado de la red de la vida y de sus valores.

**23. «La nobleza de corazón» es un valor especial**

La «nobleza de corazón» es un valor especial, mientras que el desarrollo del intelecto no lo es. *La nobleza de corazón* es la expresión de la benevolencia respecto a la vida, a uno mismo y a la vida en su totalidad.

**24. Cada etapa de la vida tiene su propio valor**

Todas las etapas de la vida tienen sus *propias* dificultades y posibilidades. Cada etapa tiene su propio valor.

Ninguna es «mejor» que otra; ninguna guarda más felicidad en ella misma ni tampoco más desgracia, ya que no es el tiempo, sino sólo la actitud, la que decide quiénes somos y cómo vivimos.

**25. Casi todas las crisis son favorables**

Casi todas las crisis humanas son favorables.

Casi todas las crisis representan la fiebre del alma, la cual no aprecia fácilmente su sentido y exige una vida con sentido. Casi todas las crisis son una expresión de una vida no vivida, una vida que espera ser vivida.

Casi todas las crisis son un reto vital. Casi todas dejan claro que todo ser humano siempre es «*más*» que su problema.

**26. La esperanza es un móvil importante en la vida**

El pasado influye en el ser humano;
la esperanza le acerca a una *nueva* experiencia vital.
La esperanza es un móvil importante en la vida.
Es una condición fundamental para encontrar el sentido.
Quien confía, quiere vivir.
Quien confía, aprecia el sentido.
Quien confía, desea sentido.
Quien desea sentido, tiene la esperanza
de poder experimentarlo.

**27. El reto de desarrollar la personalidad persiste hasta la muerte**

La misión *primaria* del ser humano consiste en desarrollar su personalidad. Esta misión se termina con la muerte. El objetivo de este desarrollo es experimentar la *totalidad* humana que nunca se puede alcanzar, si bien es cierto que siempre se puede intentar.

La aceptación de este reto no fomenta el egocentrismo, sino todo lo contrario: fomenta *la capacidad de amar.* Cuanto más se plantea el ser humano sus peligros conscientes e inconscientes, más avanza en sus posibilidades humanas específicas.

Pero sólo conseguirá constatar este principio quien también se plantee el reto de su propia vida.

**28. Liberarse para vivir más felizmente requiere un trabajo personal**

Muchas personas están enojadas con sus vidas, pero sólo unas cuantas admiten que ellas mismas han sido las causantes de muchos errores.

Muchas personas albergan el deseo de cambiar su propia vida, pero sólo unas pocas están dispuestas a trabajar en ello.

Muchas personas conocen el anhelo de la felicidad, pero sólo unas pocas están dispuestas a tomar en serio tales anhelos.

Muchas personas sueñan con una vida feliz, pero sólo unas pocas se atreven a seguir soñando con ella y a vivirla.

Muchas personas reconocen que su vida *podría* haber sido diferente, pero sólo unas pocas se atreven a realizar tales diferencias.

Liberarse para vivir más felizmente requiere siempre un trabajo personal, pero a veces es la «*vida*» misma quien mima al ser humano, le hace feliz y le libera. La «vida» conoce la *gracia* que no está a disposición del hombre.

**29. Este mundo es nuestro mundo**

Este mundo, en el que vivimos y sufrimos,
es *nuestro* mundo.
Este tiempo, en el que vivimos, es *nuestro* tiempo.
Esta vida que tenemos en este mundo y en este tiempo,
es *nuestra* vida.
Este mundo nuestro
es nuestro peligro,
nuestra posibilidad
y nuestra misión.
Podemos aceptar este mundo,
o podemos rechazarlo.
Pero al rechazarlo,
rechazamos también *todo* lo que tenemos:
nuestra *propia* vida.

**30. La muerte es necesaria para experimentar el sentido**

En el horizonte de toda vida humana espera la muerte.
La muerte es *necesaria* para experimentar
el sentido en la vida.
Solamente buscamos una vida con sentido *en* el tiempo,
porque nuestra vida es limitada.
Ningún ser humano ha mirado nunca más allá
del horizonte vital.
Por ello *todas* las afirmaciones sobre la muerte,
no importa del tipo que sean,
son afirmaciones que provienen de la creencia.
Para muchos la muerte es el final del camino,
el origen profundo de su miedo,
que tiene sus raíces en la vida.
Quien no ha gozado de su vida,
no puede aceptar la muerte.
Para muchos la muerte es,
a pesar de su oscura extrañeza,
el último hecho nuevo que experimenta el ser humano,
y por ello también su última nueva esperanza.

## Diez consecuencias importantes de la defensa del ser humano

1. Dado que la *esencia* de todo ser humano es en *definitiva* un secreto, en el fondo nadie está capacitado para comprender ni *juzgar* a nadie, ni a uno mismo ni a los demás. Todas las afirmaciones humanas sobre una persona son, en definitiva, simples insinuaciones y nunca explicaciones fiables.

2. Dado que todo ser humano es *único* y *singular*, solamente puede buscar su sentido y dirigir su vida por sí solo. Nadie puede esperar que los demás se encarguen de buscarle el sentido, ni de controlarle su vida. Y nadie puede ni debe delegar estas tareas en otros.

3. Dado que nadie es *solamente* dependiente, no importa la clase de condiciones a las cuales se siente ligado; es un *ser libre* y por tanto capaz de decidir *dentro* de sus limitaciones y comportarse libremente. Por ello también es libre de rechazar el *desarrollo* de su personalidad o de aceptarlo.

Muchos de los aspectos que hacen plena y feliz la vida del ser humano, se deben alcanzar con esfuerzo. La persona puede decir «sí» al esfuerzo. Pero también puede decir «no».

4. La libertad *no es un instinto*. Por ello, el ser humano solamente la puede experimentar si *hace uso* de ella.

Los instintos nos empujan, y para alcanzar la libertad debemos entregarnos a luchar.

Las tristezas, los miedos o las agresiones nos invaden. Para sentir esperanza, coraje o amor, debemos superar las tristezas, miedos o agresiones, y sentir estas sensaciones de manera consciente para actuar y vivir.

5. El rechazo de nuestra propia responsabilidad es una carencia casi trágica del conocimiento del ser humano. La *palabra* responsabilidad provoca en mucha gente desgana y resistencia. Sin embargo, la *experiencia* de la responsabilidad nos llena de vitalidad, ya que la responsabilidad vivida es siempre *libertad* vivida. Pero la libertad vivida es la experiencia de la amplitud y de la profundidad, de la alegría y del placer, del sentido y de la totalidad.

6. La vida humana consiste en vivir en una gran red, cuyos elementos se influyen mutuamente. La red vital resulta especialmente comprensible en nuestra relación con las demás personas.

Esta relación, por encima de las demás relaciones, es responsable de nuestra fortuna o desdicha. Pero la desdicha que tan a menudo surge a partir de la convivencia con los demás, es en su mayor parte la consecuencia de la carencia de nuestra propia responsabilidad, auténticamente vivida. Esta carencia tiene sus raíces, ante todo, en la *proyección*.

Esta palabra insignificante se refiere a un proceso interior e interpersonal de incalculable trascendencia. El proceso en sí mismo es muy antiguo, pero la comprensión del mismo parece ser muy reciente, como si acabara de ser descubierto.

Cuando proyecto, o sea cuando responsabilizo otras personas de mis sentimientos confusos y por ello molestos para mí, entonces...

... molesto a los demás
... no estoy en unidad conmigo mismo
... estoy dividido
... no me quiero a mí mismo
... tampoco quiero a los demás
... la vida se repliega dentro de mí
... me aparto de la vida
... no estoy abierto
... no soy libre
... no soy responsable
... no favorezco a la sociedad
... estoy separado de los demás
... los demás se separan de mí
... pierdo el respeto de los demás
... pierdo el respeto de mi propia persona
... favorezco la influencia de alteraciones emocionales y corporales
... sigo siendo solamente un «Tipo»
... se ahonda el miedo en mí
... se ahonda el miedo de los demás de mí
... se expande el miedo
... el miedo me empuja a proyectar hacia los demás mis propios sentimientos de desdicha y los problemas relacionados con ellos.

Si queremos resistir la tendencia a proyectar estos sentimientos hacia los demás, deberemos esforzarnos en conocernos mejor a nosotros mismos.

7. No podemos profundizar en el conocimiento personal
— sin reconocer todo el ser humano,
— sin reconocer la relación entre cuerpo, alma y espíritu,
— sin reconocer nuestro consciente y mundo interior.

No existe ningún cambio sustancial de la personalidad si no nos acercamos y enfrentamos con los sentimientos «negativos» y «positivos» de nuestro mundo interior.

8. La libertad es la expresión del espíritu. Y el espíritu es lo que caracteriza al ser humano de una manera especial. Por ello no es posible evolucionar del *Tipo* al *Original* sin que cada ser humano vivifique sus propias posibilidades *espirituales.*

En mi opinión, la cuestión fundamental para quienes deseen desarrollarse, es la siguiente:

¿Qué valoro como *primario*?

¿Valoro como primario lo que me hace depender del mundo, o valoro la libertad que hay en mí, mi espíritu y los valores que éste propone?

9. Si todo ser humano es cuerpo, alma y espíritu, si además todos los seres humanos son personas de su tiempo, de su planeta y del cosmos, entonces el desarrollo satisfactorio de la personalidad sólo es posible, si la persona no descuida ninguno de estos ámbitos vitales y profundiza en su existencia.

10. Si las cuestiones sobre el *porqué* de la vida nacen directamente de la persona, significa que éstas cuestiones son prioritarias. Así toda persona que quiera lleva una vida con éxito no podrá apartarse de ellas.

# Cómo entender el eneagrama

1. En todos los ámbitos vitales no existen únicamente las especies, sino también las clases, los tipos, las estructuras. Por ejemplo el gorrión, el ruiseñor, el águila o la lechuza tienen su propia clase, pero pertenecen a la *especie* de los pájaros. Todos son muy diferentes entre sí, pero también son, ante todo, pájaros.

Lo mismo es aplicable al ser humano: todos sabemos que existen personas «blancas», «negras», «rojas», «amarillas», en las cuales, al conocerlas, descubrimos por una parte costumbres diferentes, pero por otra parte vemos que todas son personas.

En la antigua Grecia hubo varios intentos de agrupar los diferentes comportamientos de las personas en estructuras básicas apreciables. El más conocido de ellos fue la base de la doctrina de Hipócrates de los «cuatro temperamentos». Partiendo de los «humores» (los líquidos corporales), Hipócrates diferencia los seres humanos en diferentes tipos: los «sanguíneos», los «coléricos», los «melancólicos» y los «flemáticos».

Hasta el presente, se han hecho otras clasificaciones del ser humano por tipos, clases y estructuras. Unas son más corporales, otras están más orientados hacia el alma y el espíritu (referente al tema, compárese con Josef Ratner: *Menschenkunde durch Charakterkunde*, Hamburgo 1983, pág. 9 y sigs.). El interés que guía a la mayoría de los autores sin embargo *no* se centra en clasificar a las personas conceptualmente y ponerles un «sello». Se trata, más bien, de encontrar caminos para una mayor comprensión de su alma y su espíritu y así poder ayudarles de manera más razonable. El «eneagrama» no se basa en ningún otro interés más que en éste.

2. Las personas que profundicen en los eneagramas, se verán reflejadas en *todos* los tipos, ya que todas ellas no sólo pertenecen a un Tipo, sino a la especie humana.

Toda persona pertenece prioritariamente a *un* Tipo. En *segundo lugar*, tiene características de un Tipo «*colindante*». Cuanto más profundice en el desarrollo de su personalidad, mejor podrá experimentar también las posibilidades de *otras* estructuras.

3. Las personas que profundicen en el eneagrama, deberían tener presente, incluso al pensar en los demás, que ninguna tipología se refiere a una persona en concreto, sino a una *estructura* concreta. Un ser humano concreto *tiene* una estructura, pero *es* una persona. Por este motivo, hay que tener en cuenta el siguiente principio referente al análisis de los eneagramas: *ningún lector puede ni debe identificarse plenamente a sí mismo ni a otras personas con un Tipo.*

4. Es evidente que el aspecto de un Tipo depende del grado de desarrollo de su personalidad. Cuando, por ejemplo, cuatro personas de un Tipo participen de un grupo, nos resultará bastante difícil clasificarlas en *un solo* Tipo.

5. La percepción de una estructura determinada requiere un análisis profundo del eneagrama. Es importante tener

presente no solamente las «características» de cada Tipo, sino también comprender la esencia típica. Y la podré conocer sólo cuando llegue a conocer a las diferentes personas, cuando les escuche, les haga preguntas y, si me lo permiten, cuando las estudie.

Hay muchas personas que se ven reflejadas rápidamente en su estructura. A otras les cuesta más reconocerse en la tipología, ya que algunas estructuras les sorprenden por ser paralelas tanto en la apariencia como en la realidad.

Por el contrario a otras les complace identificarse con un Tipo especialmente simpático, ya que sienten un gran rechazo hacia su propio Tipo (y por ello en parte, hacia ellos mismos).

6. Ningún Tipo es «mejor» o «peor» que otro. Todos tienen su propia manera de ser, sus dificultades y posibilidades específicas, (igual que ninguna edad es «mejor» o «peor» que otra, porque cada una tiene su propio valor). Y por ello *todos* los tipos son indispensables para la sociedad. (Las personas que llevan grupos confirman esta frase, ya que conocen la diferencia entre aquellos en los cuales están presentes los nueve «rostros del alma» y aquellos en los cuales no están presentes ni un Tipo o ni varios caracteres.)

*Todo* lo que aportamos a la vida, mediante nuestra predisposición y por la educación, y todo lo que descubrimos como seres adultos, forma parte de la vida humana y por ello, del camino hacia el desarrollo de nuestra personalidad.

7. Cada Tipo está formado por aspectos hereditarios y por la educación. Sin embargo, cuando los padres juzgan mal la esencia de su hijo y le educan de manera inadecuada, puede que desarrolle una estructura «falsa» que esconda la estructura real. En este caso, el niño tendrá muchos problemas para comprenderse y poder actuar conforme a sí mismo.

8. Cada Tipo tiene un *problema fundamental*, cuya estructura es difícil de reconocer sin los conocimientos de la tipología. Reconocer este problema, percibir su estructura y el curso de sus efectos, es *una* tarea fundamental del trabajo personal con los eneagramas, ya la manera en que una persona afronta su problema fundamental, resulta decisiva para su trayectoria en la vida.

Pero como todo ser vivo está estructurado por polos, resulta que en cada problema fundamental reside ya el germen de la *posibilidad fundamental*.

Cuanto más concreta sea la manera en que la persona empiece a trabajar en su problema fundamental, más claros aparecerán los rasgos de sus posibilidades fundamentales. Cuanto más claros sean estos rasgos, más atractivos le resultarán, de modo que empezará a adaptarse a ellos.

La *otra* tarea, la más importante al trabajar personalmente con el eneagrama, consiste en experimentar la posibilidad fundamental, la cual no nos llevará a la meta u objetivo deseada si antes no nos enfrentarnos a la problemática fundamental. (La sabiduría recogida en los cuentos también nos dice que al príncipe le quedan todavía muchas aventuras, antes de alcanzar la felicidad plena).

9. A cada Tipo le pertenece una *resistencia* específica contra el desarrollo de su personalidad. La causa reside en su principio (frase-clave) condicionado por la tipología.

Estos principios son los siguientes:

debo hacer lo correcto ........................ Reformador
debo ayudar al prójimo ..................... Altruista
debo tener éxito ................................ Líder
debo ser especial .............................. Romántico
debo mantener las distancias ............ Observador

debo cumplir con mi deber ...............Leal
debo ser feliz ....................................Optimista
debo ser fuerte ................................Líder
debo vivir en armonía .......................Conciliador

El tema de fondo de un ser humano es su *valor principal.* Es él quien decide el punto principal que debe reinar en su vida y es él quien determina el interés que dirige su conocimiento y su proceder. Toda la jerarquía de valores está orientada hacia él. Esto significa que cuando el ser humano experimenta el sentido, depende de los valores que ponga en práctica y también del grado en que le influya su tema de fondo. Sin embargo, todo principio de la tipología es *unilateral* y limita el campo visual de los valores.

Esto tiene como consecuencia el descuido de otros valores que quedan sin experimentar.

Experimentar un tema de fondo de manera unilateral es signo de *represión* de las propias verdades, tanto las verdades «positivas» como las que son consideradas como «negativas». Con ello se obstruye el camino hacia una vida global. Algunas de las consecuencias de la represión son: división, tensión, miedo, bloqueo del flujo de energía, limitación al experimentar los valores y el sentido, y alteraciones corporales y emocionales.

Por ello, profundizar en el tema de fondo, que se ha convertido en la resistencia contra el desarrollo personal del ser humano, es una tarea fundamental para quienes verdaderamente deseen autoconocerse y recorrer el camino desde el Tipo al Original.

**10.** En mi opinión el problema fundamental de cada Tipo desemboca en el problema «más profundo» de la percepción del valor propio de la persona. Y es precisamente aquí donde residen al fin y al cabo la *motivación* y el *significado* del eneagrama: proporcionar instrumentos que ayuden a las personas para que puedan conocerse, aceptarse a sí mismas, a los demás y aceptar también todo cuanto les rodea, es decir, a la vida en su totalidad.

Antes de adentrarnos en la descripción de los tipos, me gustaría introducirles brevemente en el mundo de la «imaginación orientada hacia los valores», ya que será de gran ayuda para el desarrollo de la personalidad.

# Cómo entender la «imaginación orientada hacia los valores»

¿Cómo se efectúa la apropiación del conocimiento? ¿Cómo consigo vivir también aquello que he reconocido como importante?

Sólo si siento con suficiente profundidad aquello que reconozco, lo llevaré a cabo. Sólo cuando mi perspectiva sea también lo suficiente sensible, tendré también suficientes motivaciones para actuar. Únicamente cuando «toda» mi persona participe en la aplicación del conocimiento a la acción, los pensamientos se convertirán en hechos.

¿Cómo consigo llegar a esa «profundidad»? ¿Dónde la puedo encontrar? ¿En qué momento es «completo» un ser humano?

Cada país tiene su propia lengua y sólo la persona que la haya aprendido podrá hacerse comprender en ese país. Esto también se puede aplicar al «país» del inconsciente, que tiene una lengua diferente a la del consciente. A. Rosenberg se pronunció sobre esta cuestión, diciendo:

> «El lenguaje humano es demasiado pobre para expresar todas las intuiciones que evocan el cambio entre la vida y la muerte. Sólo el símbolo y el mito unido a él, pueden satisfacer estas necesidades. El símbolo despierta intuiciones, el lenguaje sólo puede dar explicaciones. El símbolo toca todas las cuerdas del espíritu humano a la vez. El lenguaje sólo puede entregarse a

un solo pensamiento a la vez. El símbolo echa sus raíces hasta alcanzar los secretos más profundos del alma. En cambio, el lenguaje roza la superficie de la comprensión como un soplo de viento. El lenguaje del poeta es la excepción, ya que atraviesa el desgaste cotidiano de la palabra... Sólo el símbolo es capaz de unir aquello, que es diferente, en una impresión homogénea. El lenguaje une las cosas una por una y envía (lo indecible) al consciente sólo en pequeñas fracciones...»

A. ROSENBERG,
*Ursymbole und ihre Wandlung,*
Einführung in das Symbolverständnis, Friburgo, pág.21 y sigs.

## ¿Qué son los símbolos?

Los símbolos son imágenes del espíritu y del alma. Son la expresión *compleja* de los pensamientos y sentimientos del interior, del mundo inconsciente que saca a relucir la realidad que se halla «detrás» de las imágenes.

Este lenguaje de imágenes y de símbolos, es el lenguaje de los cuentos, los mitos y los sueños. Erich Fromm afirmó que es el único lenguaje que *todo* ser humano debería aprender.

La «imaginación orientada hacia los valores» es el camino específico para encontrar los símbolos y experimentar la «profundidad» y la «totalidad». Es el camino que nos lleva hacia el inconsciente, hacia el mundo interior.

## ¿Qué es el mundo interior?

Es lo no consciente en nosotros, lo incomprensible, lo que escapa a la lógica, lo que no podemos explicar, medir ni demostrar. Es lo que se acerca a nuestro consciente, por ejemplo, en forma de ideas, ocurrencias repentinas, estados de ánimo o dolores psicosomáticos. Es el mundo no consciente del alma y del espíritu en el cual la «lógica del corazón» (Pascal) encuentra su hogar.

El mundo interior se muestra de la manera más clara mediante símbolos e imágenes interiores. Estas imágenes son las caras de los sentimientos. Si nos acercamos a las imágenes, nos acercamos a nuestros sentimientos y así nos acercamos a nuestros campos de fuerza interiores, tanto a los «positivos» como a los «negativos».

Estos campos de fuerza son la base de toda nuestra vida.

Todo ser humano tiene imágenes interiores. Todo ser humano tiene conciencia de las imágenes. Toda alma humana tiende a traducir en imágenes ilustrativas aquello que sucede en ella. Así, de los pensamientos y los sentimientos, surgen las figuras y las historias, ya sea en cuentos, mitos, sueños e imaginaciones (*imago* = imagen).

Estas imágenes actúan como punto de unión entre el inconsciente y el consciente. Son el puente entre el mundo interior y el mundo exterior, para que surja la totalidad cuando ambos «mundos» empiecen a unirse. No obstante, esto es algo que solamente experimenta quien no sólo observa las imágenes, sino que además interviene y profundiza en ellas.

Experimentamos los sueños de manera inconsciente y por ello no intervenimos en ellos de manera consciente, al menos no al principio. En cambio, en las imaginaciones orientadas hacia los valores «caminamos» consciente e intencionadamente a través de ese «país» del inconsciente. Estos valores son los retos que conciernen a la razón y al sentimiento y con ello al ser humano en su totalidad, unos retos que pueden ser «afrontados» aquí y ahora.

La persona que imagina, experimenta las imágenes de manera plástica y con sensibilidad. Vive los fragmentos de su realidad interior en su totalidad y de manera intensa. Ve, oye, huele, prueba, toca, nota y siente aquello que encuentra. Y puesto que las imágenes son relativamente autónomas, la persona no puede escapar de ellas ni de sí misma. Debe entregarse.

## ¿En qué consisten las imaginaciones?

En lo pasado y en lo presente, en las viejas ataduras y las nuevas libertades, en lo espiritual y en lo instintivo, en el sentido y en las barreras, en el aparente impedimento para encontrar el sentido, en toda la vida humana, tal y como se muestra en la «*base*», en el «lenguaje» extraño para la *cabeza*, pero muy bien conocido para el corazón.

A esta forma de encuentro con la propia profundidad la denomino imaginación orientada hacia los valores, todo lo cual se corresponde con lo que he expuesto en la «defensa del ser humano»:

Nuestro espíritu está orientado hacia los valores, esta es su esencia. Pero como el espíritu y el sentimiento de los valores no sólo son conscientes, sino también inconscientes, la imaginación orientada hacia los valores es un camino muy útil para aprovechar existencialmente aquello que el ser humano quiere en realidad.

Los valores son los *objetivos* hacia los cuales «caminamos». Cada persona en concreto determinará los objetivos que desea recorrer, dependiendo de la situación en que se encuentre. En general podemos decir que todos los valores se pueden experimentar con la imaginación, por ejemplo, el amor, la libertad, la esperanza. Por eso también se puede buscar el acceso a la posibilidad fundamental unida a cada Tipo, como por ejemplo la paciencia del Reformador, la modestia del Altruista y el coraje del Leal.

Pero como en todos los sueños con castillos aparecen brujas y tumbas y otros impedimentos para encontrar la felicidad, en las imaginaciones también deberemos vencer ciertos adversarios. Esto significa que a veces será necesario no ir en busca de la posibilidad fundamental de un Tipo en concreto, sino de enfrentarnos a las barreras interiores, cuya culminación ha sido impedida hasta ahora. Así, el Reformador se dirigirá al «lugar de la agresión», el altruista al «lugar de su propia pobreza», el leal al «lugar del miedo», etc. Es probable que también tengamos que dirigirnos a otros «lugares» antes de estar en condiciones de alcanzar nuestro objetivo primario.

No se desanime, estimado lector, ya que muy pronto habremos superado la parte más difícil de esta presentación.

¿Cómo se realiza una imaginación orientada hacia los valores?

Esta cuestión es de difícil respuesta. Ojalá pudiera invitarle a mi casa ahora mismo, en solitario o también en grupo, ya que así experimentaría lo que son las imaginaciones y yo no me encontraría en la difícil situación de tener que responder a esta cuestión con las limitaciones del lenguaje de mi consciente. Sea indulgente con las siguientes «explicaciones» ya que solamente puedo referirme a lo esencial. Puesto que en cada descripción de los caminos del Tipo al Original le presentaré una imaginación, me conformaré con tratar de hacer un pequeño resumen:

La imaginación orientada hacia los valores es una charla entre el que imagina y su acompañante, a nivel del consciente, pre-consciente e inconsciente. La tarea del acompañante consiste en ayudar al que imagina, para que éste viva al máximo lo que encuentre en su camino y en su caso le inste a tomar parte en ello personalmente.

Antes de proceder a la imaginación, el que imagina busca su objetivo hablando con su acompañante.

El que imagina (llamado «I» en lo sucesivo) cierra los ojos, al igual que su acompañante.

El acompañante (llamado «A» en lo sucesivo) estimula la relajación de «I».

«A» le presenta una primera imagen (por ejemplo, una fuente, una gruta, una bóveda en las profundidades, imágenes que le guiarán rápidamente hacia el mundo interior).

«I» está dispuesto a acoger la imagen.

«A» le sugiere que se familiarice con la situación (por ejemplo, con la vista, el tacto, el oído).

«A» le sugiere que busque un camino que le lleve lejos.

«I» inicia su camino (a menudo recorre un túnel, o un camino de paso), el cual suele ser oscuro (inconsciente).

«A» le sugiere que tome una antorcha como ayuda y también le dice que busque con la vista lo que le resulta nuevo.

«I» ve algo que le llama la atención y entra en contacto con ello.

«A» le recuerda su objetivo.

«I» llega a su lugar, al objetivo. Por regla general «I» sabe de forma intuitiva que ha alcanzado su objetivo.

«A» le sugiere que observe bien todo el lugar o la habitación en que se halla.

«A» le sugiere que busque aquello que le llama la atención. «A» sugiere que se acerque. Comienza el análisis del proceso interior del alma y el espíritu, convertido en una imagen, que finalizará cuando «I» haya alcanzado lo que aquí y ahora es alcanzable.

Después de este encuentro, «I» observa el lugar y se da cuenta de que, después de observarlo, ha cambiado significativamente y vuelve a la conciencia, con la ayuda de «A». Después de permanecer en silencio durante largo rato, se produce una breve charla meditativa sobre el «camino» hacia el mundo interior, ya que el consciente también desea experimentar, dentro de sus límites, lo que la persona completa ha vivido en los, aproximadamente, últimos sesenta minutos.

Para que este breve resumen no provoque un rechazo inmediato frente al «camino», me gustaría presentarles una pequeña imaginación que nos contó un hombre, después de una imaginación en grupo, (yo tuve la conversación con otro participante):

«Yo estaba compuesto de imágenes, estaba lleno de ellas. Tenía la sensación de que yo mismo era un libro lleno de imágenes, pero al mismo tiempo, yo era el que las estaba observando. El libro me relataba toda la historia de mi vida.

Me dispuse a borrar una imagen, ya que sabía que entorpecía mi vida. En lugar de esta imagen creaba otra nueva. Entonces lo comprendí:

Comprendí que yo mismo podía crear imágenes nuevas, que podía intervenir en mi vida, decidir sobre mí mismo y cambiar mi propia persona.»

Al decir esto, este hombre se vio desbordado por una gran alegría.

Estoy contento de poder haberles relatado precisamente esta imaginación, ya que hasta ese momento este hombre se había mostrado bastante escéptico, a pesar de su compromiso, antes de darse cuenta de su capacidad de cambio.

Añadiré algunos comentarios para terminar este capítulo:

Una persona experimenta su riqueza al conocer su mundo interior. Se da cuenta de su singularidad al conocer también las imaginaciones de otros. Pero todas las imaginaciones muestran con especial claridad, que podemos sorprendernos de la *singularidad* y que lo *típico* también se encuentra en la profundidad del inconsciente. El número limitado de páginas de este libro me impide extenderme sobre este tema. Para terminar le diré que las imaginaciones son una impresionante prueba, que nosotros como personas, además de pertenecer a una cierta especie y tipo, también estamos unidos por unos *valores* muy concretos, que todos debemos tener en cuenta, sin importar hacia dónde nos lleve nuestro camino interior. Pero este es un tema que deberíamos tratar en otro momento.

El símbolo más representativo de la vida humana es el *homo viator*, que viaja a través de su vida. Por ello en los capítulos siguientes trataré cada uno de los nueve tipos y su correspondiente lado positivo y negativo utilizando el símil del camino.

# 1
# El Reformador

*El Reformador aspira a llegar muy alto y no se contenta fácilmente con lo que tiene. Quiere cambiarse a sí mismo y al mundo. La vida debe ser lo más perfecta posible. Pero también podrá llegar a cambiarse a sí mismo admitiendo que muchas cosas sean como son.*

## El lado positivo: el Reformador adulto

El Reformador adulto se pone en camino y muy pronto tiene la impresión de que podría haber hecho un paseo más interesante. Pero se adapta de inmediato para afrontar la caminata. Camina con determinación, pero sin prisa aparente.

A veces se queda quieto para ver algo que le conmueve profundamente: observar un águila que vuela hacia el sol. A veces se detiene, porque ha descubierto un bache grande o alguna grieta. Los observa durante un segundo y piensa que podría comunicarlo a la autoridad competente.

Entonces se cruza con unos jóvenes y le dicen:

–¿Qué, viejo?

Se le forma una pequeña arruga en la frente, que antes era más profunda. Sigue caminando a pesar de todo, meneando ligeramente la cabeza y les dice:

–¿Qué, niños?

Cuando por la noche se pone a descansar y a rememorar el día, recuerda ante todo las imágenes bonitas a las cuales prestó atención.

El Reformador adulto es una persona serena, alegre, tolerante y paciente. Y estas cualidades, unidas entre ellas, no sólo las disfruta él mismo, sino también aquellos que viven con él.

Puede tolerar la vida, incluso aquello que no le gusta. Esto lo aplica a la suya, a la de los demás y a la vida en general.

Él ve lo *esencial* y lo *importante* y puede dedicarse a *ello*. Así se convierte en una persona de trato más fácil al prestar poca atención a aquello que es secundario.

A pesar de su serenidad, alegría, tolerancia y paciencia, es y será siempre un idealista, el visionario de un mundo mejor. Piensa mucho en el significado de la vida, en cómo podría y debería ser, pues tiene su propio concepto sobre los valores.

Le desagradan algunas cosas en la vida, no las considera buenas y por ello le gustaría cambiarlas. Pero aquello que no se corresponda (todavía) con sus expectativas no le hará desesperarse. Cambiará lo que pueda cambiar y cuando haya hecho lo que esté en su mano, ya no se preocupará por aquello que siga siendo imperfecto y lo aceptará. Ha aprendido que todo en la vida es ambivalente y por lo tanto claro y oscuro y así será. La vida es así. Este hecho (ya) no le quita el sueño y por ello procura hacer las cosas lo mejor posible, en la medida de sus posibilidades.

Vive de forma responsable, pero no en tensión; tiene una apariencia vigorosa, pero no obstinada.

Dado su sentido de la responsabilidad, llama a las cosas por su nombre. Pero su crítica no es destructiva sino objetiva, responsable y equilibrada. Las personas con las que se relaciona saben apreciar esta virtud en él. Tiene un buen sentido de las proporciones sobre lo que es posible en la vida y lo que no lo es.

Una persona con la estructura del Reformador necesita justicia, para sí mismo y para los demás. La necesita, porque la injusticia es incompatible con su concepto sobre los valores. Pero como sabe en qué mundo vive, recuerda siempre las palabras de Salomón, un personaje muy admirado por él:

> «No seas demasiado justo ni demasiado sabio para no arruinarte a ti mismo».

Quien busca justicia, busca el orden, tanto interior como exterior. Por ello le satisface, a él quizá más que a los demás, aclarar lo que es confuso y rectificar lo que es equívoco. Pero en secreto a veces se ríe de sí mismo al darse cuenta de que su «amor por el orden» amenaza nuevamente con convertirse en una obsesión por el orden.

Para él el orden no es lo único que importa, ya que no es un formalista. Para él la *verdad* en el orden es lo más importante. La búsqueda de la verdad para él significa querer saber de qué manera «están relacionadas» las cosas, en descubrir de qué manera congenian los distintos elementos de la vida, en buscar el hilo conductor del sentido que está presente en la jungla de la vida.

Una persona idealista tiene siempre esperanza, lo cual se puede aplicar al Reformador. Confía en que detrás de esos campos vitales borrosos y desordenados no aguarde el caos y la falta de sentido, sino que espera encontrar una gran claridad y una gran cohesión del sentido. Pero sabe muy bien que ninguna persona puede reconocer ni tampoco vivir la justicia por completo, al orden y la verdad en el mundo. Sin embargo quiere al mundo, le gusta. Cree en la posibilidad de cambiar las cosas para bien de manera progresiva. Cree en una vida llena de valores.

El Reformador adulto confía en sí mismo. No tiende a sobrevalorarse, ya que confía totalmente en su visión de la temporalidad de la vida humana. Dice lo que piensa, porque ama la verdad y por ello, es testigo de la estimación que le profesan los demás.

Este sentimiento, que para la mayoría es muy placentero, a él no le incita a acomodarse en el nivel alcanzado del desarrollo de su personalidad. Sabe que es un *homo viator* y que por ello abandonará sus esfuerzos de cambio únicamente cuando le aceche la sombra de la muerte.

Cuando haya llegado la hora volverá a tener la certeza de que no tenía que lograrlo todo en la vida y que la vida no le exigía solamente justicia, sino que también le obsequió con favores.

Veo que he presentado la imagen de un *tipo idealista*. Pero por favor, queridos lectores: no digan que no es posible una aproximación a esta imagen, puesto que hay personas que se identifican con ella. Nosotros nunca nos convertimos en el tipo de persona que queremos ser, pero en cambio podríamos ser de la manera que nos permita nuestra libertad de acción *interior* dentro de nuestras limitaciones, las cuales residen *más allá* de la niebla que hemos creado, esa niebla que enturbia nuestros espacios interiores. Hay muchas cosas que dependen de la aceptación de esta frase: «Ser hombre significa poder cambiarse a uno mismo». Muchas cosas dependen de la profundidad en que nos atrevamos a avanzar en nuestras posibilidades interiores.

Después de este esbozo del Reformador adulto, describiré su imagen opuesta, el lado negativo, para la cual también es válido lo siguiente: yo no pienso en *ninguna persona con-*

*creta*, sino en *posibilidades* negativas concretas de esta persona que descuida su desarrollo personal.

## El lado negativo: el Reformador estancado en su desarrollo

El Reformador estancado en su desarrollo se asemeja al caminante que pasea malhumorado y descontento. No le gustan las calles demasiado cortas o demasiado largas. Le molesta encontrar baches o grietas. Le importunan las personas que no le saludan con amabilidad. Le fastidia que el sol se esconda siempre tras las nubes. Y a medida que pasa el tiempo se siente cada vez más molesto y ya no aprecia la magia del paisaje, el águila con sus grandes alas ni tampoco la niña sonriente que podría haberle alegrado todo el día.

Hubiera preferido elegir un camino nuevo y si le hubiera sido posible, lo hubiera situado en otro paisaje diferente.

El problema fundamental del Reformador estancado en su desarrollo es su actitud de protesta continua frente a sí mismo y al mundo imperfecto.

Es un perfeccionista, lo cual significa que busca la perfección a la fuerza, y quiere que la mayoría de las cosas sean perfectas, por no decir todas. Ser perfeccionista significa aferrarse a las expectativas idealistas y sufrir cuando no hay lugar para la perfección de la situación.

El Reformador no quiere muchas cosas: quiere que *todo* sea correcto, bueno, íntegro y puro como lo son sus ideas: en los sentimientos, los pensamientos y la actuación. No cede ni un ápice en su ansia de perfeccionarse a sí mismo y a los demás, lo cual le convierte en un moralista. Sólo piensa en sí mismo y en sus principios, los cuales se convierten en los principios de sufrimiento para él y los demás. Esto le convierte en un ser engreído e intolerante y por ello su relación con su entorno se complica.

De los moralistas se dice que saben muy poco de la bondad y que son estrictos con las exigencias que han adoptado al no plantearse si son factibles. Los moralistas son personas que se mortifican por las metas no alcanzadas. Pero la experiencia les demuestra que nada de lo querían convertir en perfecto lo será en realidad. Este hecho les convierte en personas críticas y negativas al negar el mundo y la vida. Incluso a veces parece que se sientan ofendidos por la vida misma.

El Reformador no adulto puede adoptar dos comportamientos muy diferentes:

**El primer comportamiento:**

*No* dice lo que piensa *ni* hace lo que dice.

¿Y porqué no?

Porque es algo que no se adapta a su propia imagen. Debe ser *bueno* y estar libre de cualquier defecto. Le gustaría ser una gran persona, tan grande como sus ideas sobre una vida humana perfecta. Por ello hace todo lo posible para no decepcionar a los demás y se controla tanto como puede cuando le llegan impulsos que contradicen su propia imagen de grandeza.

En la medida en que reprime tales impulsos, surge un estancamiento, especialmente en su lado agresivo. Estas agresiones están dirigidas a su propia persona y tienen las siguientes consecuencias:

El cuerpo siente estas agresiones y se pone en tensión. El alma también las siente y se siente incómoda. Y dado que cuerpo y alma no experimentan la estimación que se merecen, toda la persona siente que no vale para nada y pierde la confianza en sí misma.

Esta pérdida le produce miedo. No hay nada que confiera tanta agresividad a su alma como este sentimiento tan temido. Así se inicia un círculo vicioso: el Reformador no adulto reprime los impulsos importantes...

**El segundo comportamiento:**

A veces se sale de sus casillas, casi siempre sin razón y en situaciones que en realidad no son tan dramáticas como suponen sus reacciones. Tales salidas de tono se producen cuando se desborda el río de sus agresiones. Entonces transmite tanta injusticia que la imagen que tienen los demás de su persona es solamente una caricatura de la gran imagen de sí mismo. Entonces se encuentra allí, muy conmovido, avergonzado y sintiéndose culpable.

Culpa, una palabra que determinó su vida desde el principio. Durante su infancia tuvo que aprender a ser lo suficientemente bueno y obediente para poder corresponder las indicaciones e ideas de sus padres. Tenía que hacer «eso», fuera lo que fuera, siempre mejor y de manera más perfecta. Así conoció, a una temprana edad y de manera dolorosa, las temibles zanjas entre «ser» y «deber ser», entre lo que una persona es y lo que puede hacer y lo que se espera de él. El sentimiento de culpa que se deriva de ello lo acompañó durante su crecimiento: sentir que no era suficiente, que nunca estaba preparado, que no valía gran cosa y que no podía decidir por sí mismo. Y así se creó en su interior, sobre la base del rechazo, un patrón de sí mismo demasiado estricto para poder satisfacer las exigencias del «mundo».

¿A quién le sorprende que una persona que ha crecido bajo estas circunstancias no sólo acabe siendo un perfeccionista y un moralista, sino también alguien temeroso e hipersensible? Por ello se muestra celoso y procura no pasar desapercibido.

¿A quién le sorprende que una persona así no soporte bien las críticas y tema siempre que no le tomen en serio lo suficiente?

¿A quién le sorprende por fin que permanezca callado, lleno de ira, cuando debería hablar, y que a veces pierda la calma, porque su alma no puede soportar más su ira?

Es indudable que desearía tener el paraíso sobre la Tierra, ya que le resulta difícil creer que nuestro mundo nos baste para vivir felizmente.

Por este motivo, tiene muchas dificultades para vivir en *su* tiempo. El pasado, con sus figuras interiores, le agarra con firmeza, y el futuro, con sus campos vitales puros, le atrae con magia. Se apresura por vivir el tiempo, ya que *debe* cambiarlo «todo», a sí mismo y a lo que se le cruce en el camino y sin embargo así «se aleja más de su objetivo».

Raras veces permite que «su alma descanse». Raras veces se detiene para beber de una de las múltiples copas que rebosan de agua de vida.

## La resistencia al desarrollo de la personalidad

¿Por qué a la persona con la estructura del Reformador le resulta difícil desarrollarse?

El lema que le marcó desde la infancia, dice así:

«*Debo* hacer lo correcto».

Esta frase significa que debe evitar lo que no es correcto, falso, insuficiente e imperfecto. *No puede* permitir que exista la imperfección.

La razón del Reformador sabe con seguridad que ninguna persona puede dejarse guiar por una idea así en la vida real.

Pero como no es del todo consciente de esta idea, ésta se apodera de él y llega a dominarle. Por ello le resulta tan difícil reconocer en su propio interior aquello que no se corresponda con este lema.

¿Significa esto que, precisamente él, como censor interior que siempre le recuerda con saña esos ideales (inalcanzables), debería ser consciente de lo poco que los ha vivido hasta ahora? ¿No significaría eso confrontarse aun más que antes con su falta de valores?

¡Es comprensible que una persona a la cual se exige tal experiencia, se niegue a ello!

Hasta el momento, él ha vivido de forma muy diferente: se ha esforzado por no resultar desagradable. Ha medido sus palabras, controlado sus actos e incluso su rostro. Ante todo ha controlado los impulsos surgidos de su interior, la agresividad y también el amor. ¡Y ahora debe dejar el control a un lado para mostrar «su verdadero rostro», ante todo a sí mismo!

Esta reflexión le produce gran temor, porque todavía no ha experimentado lo que podría aprender más adelante: que no hay nada que le libere más que encontrarse de manera concreta con su propia y *auténtica* oscuridad, y que este encuentro sea condición necesaria para poder vivir lo mejor de sí mismo.

## Caminos hacia el desarrollo de la personalidad

I. La vida no es perfecta, ni la propia ni la de los demás. En esta vida no hay nada que sea perfecto. Incluso el blanco más blanco no es totalmente blanco.

Si el Reformador estancado en su desarrollo aceptara este hecho en su interior... Si no se conformara solamente con aprobarlo y lo aceptara como parte fundamental de la vida…

Él sabe muy bien que si aceptara este hecho, podría vivir más fácilmente y con más seguridad. ¡Cuántas veces le han llamado la atención sobre este aspecto los que le aprecian! Sin embargo saber algo y reconocerlo con los sentimientos son dos cosas muy distintas. Ninguna verdad, por obvia que resulte a la razón, nos ayuda a progresar en nuestro interior si no la sentimos.

Su alma es lo que más le puede ayudar a superar sus barreras mentales. En este contexto la palabra «alma» se refiere al mundo interior de la persona, al ámbito inconsciente que espera que lo experimentemos de manera consciente y que hagamos uso de él. El alma, el mundo interior, esa bóveda interior ancha e insondable en la que almacenamos energías y las fuerzas: las «negativas» con las cuales debemos enfrentarnos, y las «positivas» que necesitamos para vivir felizmente, al igual que la fuerza de nuestra razón. Pero cuando una persona no siente lo que piensa, los pensamientos son como semillas esparcidas por el viento que no llegan a echar raíces en la tierra de la vida ni tampoco a dar fruto.

Un paso concreto hacia la aceptación de la imperfección de la vida puede ser el siguiente:

Las personas que conocen la técnica del entrenamiento autógeno, saben lo útil que resulta «realizar fórmulas de propósitos». Una fórmula de propósito es un principio breve que se quiere comprender y *vivir*. En un estado de relajación profunda, se puede ir repitiendo este propósito, a modo de sugestión, una o dos veces al día en silencio o a media voz.

El Reformador podría acogerse a las siguientes frases:

> «*Nada ni nadie es perfecto en este mundo*» (ni tampoco esta fórmula).
>
> «*Digo sí a la vida*».

Las técnicas del entrenamiento autógeno no son decisivas para realizar este ejercicio. En cambio, sí que lo es un profundo estado de relajación. Cuanto más relajado esté, más ancho será el puente entre mi consciente y mi mundo interior, y así más fácilmente se culminará la apropiación de aquello que pienso y deseo vivir.

**II.** El Reformador estancado sufre una alteración de la percepción, ya que tiende a prestar demasiada atención a lo negativo y demasiada poca a lo positivo. Por ello es importante para él cambiar la *dirección* de su percepción. Para dejar muy claro a qué me refiero en este contexto, me gustaría invitarles a que realicen un pequeño experimento:

Estoy en una habitación. Veo cortinas, cuadros, libros, muebles y muchas otras cosas. Huelo un perfume determinado, oigo el tictac del reloj. Dejo que la habitación actúe en mi. Me parece una habitación bonita.

Entonces una pipa que está sobre una mesa blanca vuelca. Al ver caer las cenizas se me ocurre una idea: me acerco a la mancha de ceniza y fijo la mirada en ella. Me doy cuenta de que la mancha se va haciendo cada vez más grande. Mientras me inclino ligeramente hacia ella, sólo veo la mancha, la mesa parece desaparecer y ya no veo ningún objeto más de la habitación y ya no siento su ambiente. La habitación se convierte en ceniza.

Me voy alejando. Cuanto más me alejo, más pequeña se vuelve la mancha. Lo que había visto anteriormente en la habitación vuelve a aparecerse ante mí. Si miro veo aun la mancha, pero la habitación es de nuevo una habitación en la que estoy a gusto*.

* *Véase* Uwe Böschemeyer: *Das Leben meint mich. Meditationen für den neuen Tag*, Editorial Lahr 1993, 17.8

Para llegar a cambiar la percepción, tenemos un tipo de ayuda concreto cuya sencillez impresiona incluso a los Reformadores, siempre y cuando no sepan sus efectos: quien decide ir apuntando en forma de palabras clave cada noche durante un cierto período de tiempo lo que le resultó agradable y placentero durante el día, pronto se dará cuenta de que se vuelve más sensible a la percepción de la bondad.

El simple propósito de fijarse en lo bueno no sirve de ayuda a nadie. Sólo cuando la percepción en sí misma es conducida en la dirección deseada, pensaré cada vez más en buscar lo que es beneficioso para mi alma.

Quien practique este ejercicio se sorprenderá de que no sólo ha cambiado su percepción, sino su forma de sentir la vida, y esto es lo que importa.

**III.** Un hombre joven me relató un sueño que tuvo:

«Me invitan a una fiesta y me encuentro en una gran sala muy bien decorada donde hay invitados muy animados. Soy el único que se mantiene apartado y que parece no sentirse a gusto.

»De repente veo un árbol alto plateado en medio de la sala y obedezco al deseo de encaramarme a la copa del árbol para poder verlo «todo» desde arriba.

»Al llegar a mitad del camino, me detengo y me doy cuenta de que todos mis esfuerzos por seguir escalando son inútiles.

»Allí estoy, sentado, en mi "árbol del conocimiento", como lo llamo. Miro hacia abajo a la gente alegre y hacia arriba al follaje plateado de la copa, y me siento desgraciado. Al cabo de un largo rato algunas personas amables me rescatan del árbol.»

Abarcarlo «todo» con la vista, conocerlo y querer entenderlo, este es el deseo que muchas personas «Reformadoras» parecen tener más enraizado que otros, querer vivirlo «todo». Quien se centre únicamente en este deseo de conocer y entenderlo todo antes de actuar, asegurará de manera peligrosa su vida contra la vida, ya que quien no se exponga a la vida, será abandonado por ésta.

A continuación le mostraré un ejemplo de la vida cotidiana sobre lo que sucede cuando alguien como el Reformador vive las cosas «pensando demasiado»:

Un hombre se enamora de una mujer. Piensa sobre si ella también sentirá lo mismo por él. Este pensamiento le persigue siempre y pronto le ocupará totalmente.

Nuestro hombre piensa que sólo cuando sepa que ella comparte sus sentimientos habrá llegado la hora de hablar con ella del tema. Pero nunca llega esa certeza anhelada sobre sus sentimientos ya que él no se acerca a ella. Por eso sigue esperando y pensando hasta que la ve en brazos de otro.

Me parece estar oyendo sus pretextos: ¿Cómo puede atreverse una persona a hacer algo si tiene miedo? ¿Cómo puede una persona de este Tipo, simplemente librarse de su comportamiento protector y sus dificultades?

Estas objeciones, tan atrayentes y aceptadas en general, a las cuales ya nos hemos acostumbrado, forman parte de las teorías psicológicas reconocidas.

Pero cuanto más pie doy a estas objeciones, más me alejo de lo que soy y puedo hacer como ser humano: aunque no pueda superarme a mí mismo, si podré superar a este u otro miedo. En muchas situaciones tengo miedo, pero se trata de que no se *apodere* de mí.

Sin embargo, el Reformador estancado en su desarrollo tiende, de una manera no siempre fatalmente necesaria, como diría Viktor E. Frankl, a forzar su miedo hacia la vida concreta, a que su energía se dirija en primer lugar a sus pensamientos y no a sus acciones. Así prepara los pensamientos basados en sentimientos totalmente negativos para hacerlos realidad. Es entonces cuando empieza el círculo vicioso:

Fracasa en sus intenciones. Se hace reproches e intenta comprender la razón de su fracaso. Pero no la encuentra. Se lamenta de su deficiencia y se le ocurren unas cuantas más. Desarrolla un sentimiento de culpa por ser como es y también un sentimiento de «culpa existencial» (Heidegger). Y se atribuye la culpa a sí mismo y luego al mundo. Siempre quiere tener la razón. Es agresivo consigo mismo y contra la vida. Y así permanece en el estrecho país de su pensamiento y se hunde en la ciénaga de unos sentimientos que le atormentan, y cuyo origen desconoce todavía.

Cuando empieza a comprender este contexto, cuando sufriendo cierto dolor se hace consciente que él está evitando la vida, a pesar de su compromiso mental, entonces es cuando empieza a comprenderlo que quiere decir «la existencia humana es existencia decisiva» (Jaspers). Pero existencia decisiva significa existencia atrevida. Una existencia atrevida es una existencia viva, incluso cuando el atrevimiento nos guía de nuevo hacia la vivencia de la imperfección.

Este discurso puede ser de gran utilidad especialmente para la estructura del Reformador por una buena razón: lo que le amenaza por una parte es su posibilidad por otra.

Gracias a su estructura tiene mucha fantasía en la vida y por lo tanto un gran anhelo de experimentar el sentido de manera profunda, existencial, y por lo tanto vivida. En todo gran anhelo se esconde una gran fuerza.

Hay dos principios que le pueden ser de gran ayuda:

1. ¿Veo, oigo, intuyo, siento realmente en qué consiste lo que ahora y aquí sucede en esta situación?
2. Lo que hago, ¿es en realidad lo que deseo fundamentalmente?

Preguntas así pueden cambiar una vida por completo, siempre que uno se las plantee en el silencio, de manera reiterada y dejándolas actuar, como una pomada encima de la piel dañada.

> «Aprender a hacer preguntas consiste en preguntar más allá de lo que la gente tiene por evidente y con lo cual se ha conformado... Las respuestas reorganizan su vida, pero no las respuestas a las propias preguntas, sino las respuestas aparentes, que se anticipan a sus propias preguntas, para que no sean preguntadas»
>
> HUBERT HALBFAS,
> *Der Sprung in den Brunnen*,
> Düsseldorf, 1981, pág. 74.

Otro camino concreto para el Reformador consiste en aclarar cuándo, dónde y en qué momento tiende a escapar, ya que estas huidas frecuentes son para él la causa continua del aumento de su agresividad.

Si descubre sus «trampas», puede anotar palabras clave cada noche y recordar en qué situación ha tratado de escapar durante ese día. En ese momento deberíamos plantearle la siguiente cuestión:

¿Este o aquel fracaso de hoy ha sido realmente necesario por fatalidad?

Si se comprometiera en este proceso, al final del día más de una vez surgiría en él un enfado positivo contra sí mismo y contra todo lo que tolera de sí mismo.

No necesita ganar todos los duelos de la noche a la mañana. Le basta con darse cuenta de lo positivo que resulta que él mismo apoye a su propia alma.

**IV.** Pero el camino profundo y lleno de retos del Tipo al Original es el siguiente:

El Reformador que todavía no es adulto sabe que a menudo se muestra agresivo, pero no mira con suficiente profundidad la bóveda de su agresividad.

También sabe que tiene deseos y fantasías sexuales, que no corresponden del todo a su modo de pensar purista, pero él no mira con suficiente profundidad la bóveda de su sexualidad.

No es lo suficientemente sincero consigo mismo. Rehuye afrontar el hecho de que su ámbito vital y animal a menudo muestra el polo opuesto de su pensamiento idealista y moralista. No se permite a sí mismo ser persona.

¡Cómo aumentaría su libertad interior si se atreviera a tolerar sus «verdades» escondidas! Se sentiría liberado si no reprimiera el hecho de que el ser humano también está formado de carne y hueso, que *también* es un ser animal, un ser de esta Tierra y que no es un ángel ni tampoco un demonio. Le sorprendería darse cuenta de que los impulsos vitales que ha reprimido se dirigen contra sí mismo sólo cuando simula que no existen, dado que entonces estos impulsos deben poner a prueba su poderosa existencia y se inicia así el círculo vicioso...

Una persona que tenga poca experiencia consigo mismo, ¿puede adentrarse en este mundo de sombras? ¿No necesitará quizá la ayuda de un terapeuta experimentado?

Sí, lo necesitará cuando esté alterado a causa de la fuerte represión del lado negativo de su Tipo que sufre neurosis obsesiva. Y también a otras personas seguramente les resultaría útil dejarse guiar por una persona experimentada en el camino hacia su interior. Pero hay una pregunta *decisiva* que es tan importante para los que padecen de neurosis obsesiva como para los demás:

¿Quiero saber realmente quién soy?

Quien pueda contestar positivamente a esta pregunta, podrá llevar a cabo gran parte de la tarea de su propio desarrollo.

A veces no puedo evitar pensar que algunas personas sólo me consultan como profesional porque quieren que les libere de su *miseria* y no de la *causa* de ésta. Las causas o las razones de *muchos* problemas no deberían permanecer en el inconsciente si las personas quieren saber realmente quiénes son y qué es lo que se esconden a ellos mismos.

¿A qué me refiero exactamente con esta frase?

En lugar de analizarla, me gustaría completarla con otras preguntas. Nuevamente le diré que la importancia de estas preguntas no es revelada a aquellos que simplemente las lean, sino a aquellos que dejen que surta efecto en ellos mismos e intenten responderlas con cuerpo, alma y espíritu:

— ¿Quiero experimentar yo mismo lo que por nada del mundo quiero que sepan los demás?
— ¿Estoy dispuesto a tolerar los sentimientos de lo que me resulta embarazoso, de la agresión, la culpa, que podrían surgir al encontrarme sinceramente a mí mismo?
— ¿Qué me resulta incómodo confesar? ¿Quizá mis delirios de grandeza, mi odio, mi orgullo, mi deseo de tener una vida de placeres, mi miedo, mi cobardía, mi egoísmo?
— ¿Quiero saber lo que tengo que hacer con mi talento?

Pero estas preguntas esconden una pregunta esencial:

— ¿Estoy de mi parte? ¿Soy un amigo de mí mismo?
— ¿Me esfuerzo lo suficiente por vivir mis virtudes?
— ¿Afronto la verdad que se me revela progresivamente?
— ¿Asumo la responsabilidad que podría asumir en el hecho?
— ¿Permito el amor: a mí mismo, a los demás y a la vida?
— ¿Busco los valores?
— ¿Busco el sentido?
— ¿Busco quizá también a Dios, a la única perfección?

**V.** El Reformador, que a menudo se enfada, siempre quiere tener la razón y se siente infeliz, no solamente tiene grandes ansias de llevar una vida feliz y sin problemas, sino que incluso tiene sentido del humor. Y esto es algo que afortunadamente forma parte de su Tipo. Puede parecer que esté escondido, pero no lo ha perdido.

¿Y por qué justamente esta persona tiene sentido del humor? Porque intuye muy bien la temporalidad y la casualidad de las cosas y siente el aspecto cómico interior de algunas manifestaciones vitales. Y ante todo que la vida está estructurada en polos y que en el núcleo de todo lo que vive se esconde su polo opuesto...

¿Acaso sería posible contribuir un poco al crecimiento de este preciado núcleo del humor?

Es posible, y quizá no sólo un poco. Y de nuevo voy a pedirle algo fácil (pero no se preocupe, ya que iremos aumentando el grado de dificultad.) Son dos preguntas relacionadas entre sí:

— Lo que tratamos aquí y ahora, que parece ser un poco desagradable, *¿es tan importante?*
— Lo que tratamos aquí y ahora, que parece ser tan problemático, *¿no resulta un tanto cómico?*

**VI.** Tener paciencia, estar sereno y reconciliado con la vida son las posibilidades especiales de las personas con la estructura del Reformador. Y estos valores se pueden experimentar de manera palpable con la imaginación orientada hacia los valores. Cuanto más directamente se aproxime a estos valores el que imagina, más concretamente actuarán las experiencias interiores en su vida cotidiana.

A continuación les mostraré el ejemplo de una mujer que se dirige al «lugar de la reconciliación» (En la presentación de las imaginaciones describiré al máximo los «paseos» y no la conversación por razones de espacio):

Ella ve ante sí una escalera de piedra que conduce hacia el interior de una gran bóveda subterránea (símbolo del mundo interior). Va bajando escalón tras escalón y pronto se ve rodeada por la oscuridad (la inconsciencia). Con una antorcha consigue continuar su camino.

Huele la piedra de las paredes que le acompañan en el camino. Oye las gotas de agua que van cayendo en el suelo. De repente ve una puerta donde parece terminar la escalera.

A la izquierda ve un camino que conduce a una luz intensa. ¿Debería seguirlo? Intuye que este camino le resultaría «demasiado fácil».

Abre la puerta y, a pesar de la oscuridad, consigue ver otra escalera empinada que conduce hacia abajo. Empieza a bajar los peldaños (una situación frecuente que nos indica que el que imagina está dispuesto a seguir el camino hacia su interior).

Llega a un pasillo y al final del mismo brilla una luz tenue. Se dirige hacia allí y llega a una sala pequeña cuyos contornos son algo borrosos. Va hacia el centro de la sala (En muchas imaginaciones el que «pasea» llega al «centro» de algo nuevo y esencial).

Ve una gran esfera iluminada ante sí. Se dirige a ella lentamente, se inclina y se lleva una gran sorpresa: la esfera (símbolo de la felicidad variable) está llena de imágenes. Al observarlas más atentamente se da cuenta de que muestran la historia de su vida con todos sus altibajos. Siente una gran simpatía (no compasión) por sí misma. Abraza la esfera, y por lo tanto su vida, con cariño durante un buen rato. Se ríe, llora de alegría y dice:

«Esta es *mi* vida, esta es *mi* vida...»

Va soltando la esfera lentamente, da unos pasos atrás y ve que en la sala en la que se encuentra brilla una luz intensa.

Se trata de una (su propia) sala de fiestas. Sigue observando esta espléndida sala un buen rato y vuelve a la realidad.

Permanece largo rato en silencio. Su rostro parece cambiado, muy feliz.

# 2
# El Altruista

*El Altruista quiere que le necesiten. Para él, lo que tiene sentido es ayudar a los demás y por ello les regala su amor y a veces incluso se entrega a sí mismo. Pero cuando aprende a amarse a sí mismo, no sólo consuela el corazón de los demás, sino el suyo propio.*

## El lado positivo: el Altruista adulto

Cuando el Altruista adulto sigue su camino, se alegra de que otros le acompañen. Sabe observar la belleza y le gusta que los demás también se fijen en ella. De vez en cuando también sigue el camino en soledad.

Si el camino resulta demasiado difícil para uno de los que le acompañan, él está dispuesto a ayudarle en la medida en que sea necesario. Si alguien dijera algo inconveniente al que tiene un problema, es posible que el Altruista le parara los pies.

El Altruista cae bien a los demás, porque tiene una actitud abierta con ellos sin resultar una carga. Es una persona cariñosa.

Al final del camino insistirá que en el grupo no se separe sin antes celebrar una pequeña fiesta.

La posibilidad primaria del Altruista reside en su modestia. No existe ninguna otra actitud ante la vida tan liberadora como ésta. Como la palabra modestia puede ser malinterpretada, me gustaría explicarla.

Una persona modesta no tiene por qué ser débil, indulgente o aburrida, sino que es una persona que sabe cómo manejar su ego. No se pavonea ni se centra en su ego; tampoco se considera demasiado importante. No se empeña en ser siempre el punto de atención, sino en encontrar su propio centro. Por ello vive acorde con su tiempo y centra su espíritu en el presente. Es objetivo de manera agradable.

Una persona modesta también tiene visión de futuro. Sabe que el mundo no gira a su alrededor, sino que es él quien forma parte del mundo. Esta visión de su propia importancia relativa no le convierte en una persona temerosa. Todo lo contrario: él descansa en sí mismo, porque no quiere ser lo que no es.

De ahí que no tienda a sufrir tensiones interiores excesivas y acepte las limitaciones de sus posibilidades.

Como la persona modesta sabe que no es el centro del mundo no tiende a sobrevalorar a los demás. No espera demasiado de ellos ni tampoco una aprobación y amor excesivos. Pero no por ello es pesimista o conformista. Sabe que las personas tienen sus limitaciones y por lo tanto las acepta y puede incluso encontrar la libertad en tales barreras.

El Altruista necesita a las personas igual que ellas le necesitan a él, pero no lo hace para darse importancia.

A causa de su modestia, el Altruista adulto posee una capacidad que nunca se valora lo suficiente: la de aceptar el valor de otras personas. Es más: reconoce lo bueno en los demás y es capaz de hacerles ver las posibilidades que tienen, de las cuales a menudo no son conscientes. Especialmente en esta época en la que las personas son muy críticas las unas con las otras, personas como el Altruista resultan muy enriquecedoras para la sociedad ya que ve algo positivo en lo negativo, especialmente para las personas que sufren alguna dolencia física o social.

El Altruista adulto no sólo descubre virtudes, sino también razones para la esperanza.

La esperanza es la mayor motivación vital que sólo descubre la persona que considera importante su vida y que por lo tanto siempre ve el lado positivo de los demás.

Para terminar podemos decir que el Altruista sabe pasárselo bien. Sabe reunir a los demás. Puede convertir cualquier momento en una ocasión especial, para sí mismo y para los demás, porque tiene simpatía por la vida. Es capaz de alegrarse y no quedarse solo en su alegría.

Sin embargo no es solamente una persona «cariñosa». Como no se considera demasiado importante, teme muy poco a las personas y muestra también su cólera si es necesario. Un ser colérico, a diferencia de un ser furioso, es una persona que llama a lo desagradable por su nombre para que sea superado.

## El lado negativo: el Altruista estancado en su desarrollo

Cuando se pone en camino, no quiere andar solo. No quiere buscar el camino él solo ni tampoco el objetivo. Para él es mucho más importante conocer a las personas importantes que le acompañan en el camino. Las encuentra dejándose guiar por su propia intuición y se une a ellas. Las agasaja, intuye sus deseos y les hace el paseo lo más agradable posible.

Está especialmente presente cuando uno de los que le acompañan sufre alguna desventaja. Entonces está dispuesto a sacrificarse para encontrar la solución del problema. Al final del camino esperará que la persona a la cual ayudó se despida de él de manera especial.

No, el Altruista no ha visto gran cosa durante su paseo, porque se ha dedicado a observar a los demás y no al camino.

Si por la noche se encuentra solo, se apodera de él un ligero malestar al preguntarse si los demás le habrán «aceptado». Pero antes de que este pensamiento empiece a perseguirle, empieza a reflexionar sobre aspectos que debería tratar al día siguiente.

Lo que más impide el desarrollo de su personalidad es su tendencia a darse a los demás para obtener reconocimiento y amor. El Altruista es una persona desinteresada, y por ello necesita que le necesiten. Este es su problema fundamental, con sus propias consecuencias.

Quiere agradar a los demás, quiere ser «el niño cariñoso» y hacer «todo» por los demás para conseguir lo que más ansía y por eso es adicto a las relaciones. Sabe aprovecharse de los momentos en los que poder satisfacer sus deseos.

Dice «sí» cuando le piden algo, antes de poder analizar las consecuencias. Agasaja a los demás y los manipula para poder hacer lo que desea. En ocasiones incluso exige que confíen en él y así se convierte en una persona indispensable. Es posible que se fusione con los demás para que continúen dependiendo de él. Hace lo posible para evitar el rechazo.

El Altruista se da importancia a sí mismo para que los demás le consideren también importante. Y cuando ha conseguido lo que quería, se siente orgulloso, porque sabe que los demás le necesitan y que quizá se haya convertido en alguien indispensable.

Al Altruista no le importa la ayuda liberadora para la autoayuda, ya que esta significaría que la persona, a la cual prestó su ayuda, se alejase de su influencia. Para él lo importante es que esta persona siga dependiendo de él. Sólo así dispondrá –aparentemente– de su reconocimiento de un modo duradero.

Confío, querido lector, que usted mismo podrá imaginar la multitud de pequeñas y grandes tragedias que surgen de unas relaciones tramposas como las que hemos descrito. «Otra buena acción contra mi voluntad, y estoy perdido.» Esta frase de Arno Plack nos lleva a comprender el sentimiento de esclavitud y de ira que siente quien se ha visto atrapado en esta tela de araña durante un tiempo. Si pudiera liberarse, el Altruista se sentiría abrumado por un sentimiento de culpa de manera indirecta. Se sentiría herido y empezaría a vagar en los caminos de su «buena» intención y de los demás.

Pero, ¡cuidado!; si el Altruista consigue finalmente recuperar la libertad perdida y empieza a oponer resistencia a las ataduras de su caridad, al sentirse liberado de esa relación, puede que muestre un aspecto de sí mismo que nunca antes mostró. Parece como si se tratara de una persona diferente. Sus agresiones aparecerán de manera indirecta, pero en su modo de actuar frente a las personas, que una vez había mimado, prácticamente ya no habrá el más mínimo peligro.

La persona que ayuda de esta manera queda agotada, amargada y quemada por norma general.

La persona que vive así, agotando sus fuerzas repetidamente, se descuidará a sí mismo y empezará a querer que los demás le consideren importante.

Pero quien ama para ser amado, no ama. Por ello, el Altruista estancado en su desarrollo tiende a pervertir aquello que considera más importante en la vida:

Del deseo de amar surge el deseo de ser amado.
Del esfuerzo de gozar el amor, surge el egocentrismo.
Del egocentrismo surge el rechazo.

Una pequeña observación: en los grupos puedo comprobar cómo este Altruista no goza de la simpatía de todos y por ello, la tendencia descrita anteriormente no nos sorprende. Pero en mi opinión esas aversiones manifestadas no son la única razón. Una persona con la estructura del Altruista reaviva la idea incómoda en los demás de que ellos están poco dispuestos a ayudar. Por ello las personas con muy poco espíritu de solidaridad son las que acaban peleándose con el Altruista.

Dime qué es lo que más te molesta y te diré la pregunta a la cual deberías responder...

¿Porqué tiene este modo de ser el Altruista estancado en su desarrollo?

En un sueño un hombre de mediana edad se ve a sí mismo en una habitación grande en forma de círculo. Sabe que se encuentra en lo más «profundo» de su interior.

Entonces descubre cuatro imágenes separadas unas de las otras adornando la habitación. En la primera imagen hay un caballero, en la segunda un campesino, en la tercera un cazador y en la cuarta un Altruista.

Estas imágenes le resultan familiares, como si «de alguna manera» se acercaran a él. Pero ninguna de ellas le pertenece totalmente. Desorientado, observa cada una de ellas. Sale de la habitación sin sentirse especialmente identificado con una de esas imágenes.

En el camino de vuelta ve un saco de dormir en el lado izquierdo donde duerme un hombre acurrucado. Le mira y se ve a sí mismo.

Por un instante piensa en despertarlo, pero le deja dormir y se va corriendo.

Este sueño nos proporciona la respuesta a nuestra pregunta con mucha claridad. El que sueña, un Altruista estancado en su desarrollo, no sabe quién es él en «su interior más profundo».

No se conoce a *sí mismo*. Tiene un «yo múltiple» (Helen Palmer). Y como siente tan pocas cosas, deja a su otro yo «ahí tirado y olvidado» en el camino de la vida, dormido en su desarrollo.

Lo que siente de sí mismo son sólo fragmentos de aquello provocado por los demás. Pero como siempre termina acudiendo de nuevo a las personas, saldrán a relucir también otros fragmentos de su alma. El Altruista no encuentra respuesta a las siguientes preguntas: quién es *él mismo*, qué considera importante y lógico para sí mismo. Se parece a un camaleón que camina sobre una alfombra y adopta los colores que pisa.

Las personas que conozcan algún detalle sobre la infancia del Altruista estancado en su desarrollo, empezarán a comprender por qué tuvo tan poco contacto consigo mismo y cómo pudo dedicar su vida a tales fines.

A menudo nos cuentan las mismas historias:

A los niños se les quiere de manera especial si son serviciales, voluntariosos y complacientes. Ya a una edad temprana aprenden a distinguir los estados de ánimo que reinaban en su hogar y a comportarse de manera correspondiente. También aprenden que podrían resultar imprescindibles para su padre o madre mediante la manipulación y la adulación. Al principio de tales trayectorias vitales siempre vemos que la condescendencia y la ayuda les sirvieron para culminar sus más grandes anhelos de reconocimiento y de amor.

## La resistencia al desarrollo de la personalidad

La mayor resistencia al desarrollo de la personalidad en el caso del Altruista es su idea dominante de *tener que* ayudar.

Es bien cierto que este comportamiento es el que goza de *más reconocimiento* en nuestra cultura.

Por ello el Altruista no puede comprender por qué su disposición a ayudar a los demás siempre encuentra un rechazo y por qué precisamente *él* es quien debe cambiar, él, que hace lo más importante en la vida.

El hecho de que se cometan errores es algo que él también comprende. Todos sabemos que la ayuda produce satisfacción. ¿Si nos sentimos orgullosos por haber realizado una acción, quién se escandalizaría por este sentimiento?

Si bien el Reformador inmaduro cree que tiene que ser bueno, también presiente que fracasa consigo mismo. En cambio, el Altruista pretende ayudar, y cree que por ello también será «bueno». Sólo cuando, por ejemplo, los sueños o las imaginaciones le muestren las imágenes de su alma que hasta el momento *no* ha visto, empezará a comprender. Pero es conmovedor experimentar que una persona que ha rechazado la verdad durante tanto tiempo se muestre abierta y muestre sus sentimientos fundamentales después de superar la vergüenza inicial.

Una vez más me gustaría recalcar que en la vida humana concreta no existe ni el lado positivo ni el negativo como tales. Lo que me importa es señalar desde ambos polos las *tendencias* ligadas a cada Tipo en cuestión. La frontera siempre ha sido aquel lugar desde la cual se puede observar la tierra viva con más prontitud.

## Caminos hacia el desarrollo de la personalidad

1. Antes de que el Altruista estancado en el desarrollo confíe en esta tarea tan difícil de preguntarse a sí mismo si sus ganas

de ayudar son acordes con su sentimiento más profundo, debería plantearse si quiere vivir de la manera en que lo ha hecho hasta ahora. Preguntas concretas como éstas le pueden ayudar a encontrar la respuesta:

— ¿Tengo suficiente tiempo para mí? (El tiempo es la forma a través de la cual fluye el contenido de la vida) ¿Anhelo tener más tiempo?
— ¿Qué es lo que deseo hacer desde hace mucho tiempo? ¿Qué siento cuando, como excepción, me quedo parado delante del teatro y veo que mi obra favorita está anunciada?
— ¿Puedo imaginarme pasar los días de manera diferente?
— ¿A qué tiene apego mi corazón? ¿Tiene apego *solamente* a los demás?

**II.** Su vida se basa en las relaciones con los demás. El Altruista vive de las llamadas de teléfono, de las peticiones y las ocasiones concretas para poder ayudar a los demás. Su vida se basa en sentirse necesitado. Pero en realidad ¿cómo son las relaciones con los demás?

Nuevamente podemos formular las siguientes preguntas:

— ¿Son estas relaciones de camaradería? Si no lo son, ¿es solamente a causa *de los demás*?
— ¿Cuándo fue la última vez que me sentí herido por una persona a la que había ayudado? ¿Por qué me hirió tan profundamente?
— ¿Tengo amigos de verdad?

Quizá el Altruista se dará cuenta de lo mucho que le complace comprometerse con los demás. Quizá le parecerá extraño que él, con su predisposición a ayudar, se apropie la responsabilidad vital de algunas personas y la aplique a su propia vida. Pero hay pocos comportamientos en las relaciones humanas que sean tan importantes como el siguiente: *exigir* a los demás que sean responsables de su propia vida, en la medida de lo posible.

Si el incansable Altruista pudiera comprender estas circunstancias y fuera capaz de extraer consecuencias, ya habría dado un gran paso hacia adelante.

**III.** Cuando insiste en lo mucho que le enriquece vivir para los demás... ¿Intuye lo unilateral que es su manera de experimentar el sentido...? Si fuera consciente de cómo se ha reducido el campo visual de sus valores... ¿Intuye acaso todo lo que (ya) no experimenta?

Él dice que no quiere ser egoísta y que no le gusta que la gente gire alrededor de sí misma. Sin embargo:

— ¿Es posible que no se centre lo suficiente en sí mismo? ¿Es posible que se olvide de sí mismo?
— ¿Qué opinión tiene de sí mismo como persona y no como Altruista?
— ¿Tiene deseos propios? ¿Considera importantes sólo los deseos de los demás?
— ¿Ama a los demás únicamente si les ayuda? ¿No se ama a sí mismo cuando les ayuda?
— ¿Los demás son los únicos que necesitan su ayuda? Y él, ¿no necesita también ayuda?

Puede que el Altruista se sienta enojado por estas preguntas. Pero es posible que surjan en él sentimientos: un poco de inseguridad, un poco de vergüenza, un poco de miedo sobre su desconcierto, un poco de orgullo herido.

Pero es precisamente el orgullo, la expresión de su sentimiento de sentir que no necesita ayuda, lo que le impide que se plantee estas preguntas. Y si este sentimiento no le llevara a interrumpir el diálogo consigo mismo o con otros y le lleva a la reflexión, entonces estas preguntas le conducirían a un punto de inflexión. Pero todavía le queda mucho camino por recorrer.

**IV.** Los pensamientos y argumentos simples no logran cambiar la vida, sino la comprensión a través de los sentimientos. Si los pensamientos y argumentos simples pudieran cambiarnos, nuestra vida sería el mismísimo paraíso. Pero ya conocemos todas las diferentes sabidurías que nos han sido transmitidas a través de miles de libros a lo largo de los años.

> La calma es el lugar que necesita el Altruista para llegar a sí mismo.
> La calma es el lugar,
> en el cual aparece el alma,
> donde muestra lo que le hiere y lo que necesita,
> donde lleva el dolor necesario al consciente,
> y entonces es cuando se puede experimentar
> el propio sentimiento de los valores
> y las fantasías adquieren forma para una vida diferente.
> La calma es el mejor lugar para que el ser humano se sienta a sí mismo y a su propio ser.

Pero la calma también es el lugar que más evitamos, especialmente el Altruista estancado en su desarrollo. Pero si estuviera dispuesto a visitar este lugar, quizá estimulado por estas mismas líneas, puede que el siguiente ejercicio le sirviera de ayuda.

1. Siéntese sobre la alfombra en una habitación tranquila y apóyese contra la pared.

2. Coloque las manos sobre los muslos.
3. Cierre los ojos.
4. Permita que los pensamientos lleguen y se vayan.
5. Observe usted mismo el flujo de los pensamientos como si observara un juego interesante. Vaya anotando en una hoja de papel los pensamientos que se repitan.
6. Recorra su cuerpo a través de sus pensamientos.
7. ¿Siente la tensión? ¿En la cabeza, quizá, o en el estómago?
8. Ahora limítese a observar el campo de tensión. Simplemente percíbalo. No intente cambiarlo. Puede que cambie al prestarle atención. (Todo aquello que produce dolor o presión, ya sea en el cuerpo o en el alma, comenzará a reconciliarse con nosotros mismos si le prestamos atención. Esto es algo que no se puede probar, pero sí experimentar.)
9. Coloque ambas manos sobre el vientre.
10. ¿Siente cómo fluye la respiración a través de su cuerpo, como si «de las profundidades» surgiera una nueva vida en usted, produciéndole una gran satisfacción?
11. Tómese su tiempo para percibir este cambio.
12. Sienta cómo el calor que se ha formado bajo las manos se adentra en su cuerpo.
13. Deje que ese lugar «cálido» se convierta en un círculo cálido ante su ojo interior.

Tómese cierto tiempo para percibir ese cambio. Este círculo cálido en el centro de su cuerpo es un símbolo de su propio ser circular, que es usted mismo, y que podría sentir con regularidad.

Experimente esta nueva percepción con calma.

Es posible que surjan nuevas imágenes ante su ojo interior. No puedo decirle cuáles, pero no hay duda que serán sus propias imágenes.

Permita que permanezcan en su interior; obsérvelas. (Estas imágenes son el rostro de sus sentimientos. Los sentimientos que se esconden tras las imágenes son su propia fuerza personal que ha esperado largo tiempo a que usted la reconozca).

Observe estas imágenes con atención.

¿Qué sentimiento le muestran?

¿Muestran más de uno?

¿Siente como empieza a percibir *su propio ser*?

Disfrute al máximo de esta nueva experiencia...

Si se siente de esta manera, apoyándose en la «pared», es posible que empiece a reflexionar gradualmente: sobre sí mismo, sobre lo que desea y no desea volver a hacer, lo que querría hacer de otra manera, lo que todavía no ha vivido y ahora desea vivir...

Al salir de esta calma, no sólo habrá percibido nuevas imágenes e ideas, sino que habrá adquirido nuevas fuerzas.

Quizá haya leído estas líneas por encima y haya pronunciado esta frase tan negativa:

«No tengo tiempo para estas cosas.»

Pero si una persona desea avanzar consigo misma, no lo conseguirá si no entra en contacto con su *propio ser*. Existen innumerables consejos, trucos, técnicas y métodos que prometen la felicidad y es muy probable que algunos de ellos sean efectivos. Pero sólo podrá experimentar cambios *vitales*, y no únicamente cambios de comportamientos, la persona que busque el inicialmente arduo camino de la luz en su propio interior. ¿Dónde encontrará *su* verdad sino precisamente en su propio interior?

V. ¿En qué se debería centrar el Altruista estancado en su desarrollo, al darse cuenta de que hasta ahora solamente ha vivido de la certeza de ser necesitado por los demás? Al plantearse esta cuestión, el Altruista se sentirá intranquilo.

Todo ser humano que reconoce la invalidez de su principio vital a partir de ese momento, tendrá algunos problemas para orientarse y su alma sufrirá por ello. Pero es algo positivo, ya que sólo aquel que empiece a *sufrir* a causa de sus carencias, será capaz de introducir cambios *sustanciales* en su vida, no sólo de pensamiento, sino también de obra.

El Altruista ya no podrá renunciar a observar a los demás con una mirada abierta. Es evidente que podrá ayudar a los demás como antes. Pero la pregunta es si aquello que hace está en armonía con sus sentimientos y su situación.

Cuanto más profundas sean sus reflexiones, con más claridad se desarrollará su capacidad de experimentar el sentido y así será más evidente lo que debe y no debe hacer.

Cuanto mejor se conozca a sí mismo, mejor podrá sentir y vivir sus *propios* deseos.

Cuanto más se comprometa consigo mismo, más amor podrá experimentar. Y este amor, como proviene del *corazón*, sabe perfectamente lo que él y los demás necesitan.

Entonces dejará que los demás le ayuden y le quieran y ya no pensará en cómo agradecérselo. Entonces comprenderá que aquel que no permita que los demás le ayuden y le quieran, ni siquiera sabe lo que es el amor.

**VI.** ¿Existe alguna manera más «simple» de ayudar al Altruista? La verdad es que sí, pero sólo si éste se plantea también las cuestiones más molestas y busca al camino hacia su propio interior.

Como en el caso del Reformador, se me ocurren dos frases claves. Anteriormente ya hemos hablado de su naturaleza y de la manera en que serán introducidos. Por ello, me limitaré a exponerlas:

1. «Digo sí a mí mismo.»
2. «Seré cada vez más libre de la presencia, de la mirada y del juicio de los demás.»

Si bien la primera frase está dirigida a profundizar en la percepción del valor de la propia personalidad, la segunda se centra en que el Altruista se comporte de manera más independiente en presencia de los demás y que no sienta enseguida la obligación de ser caritativo con ellos para ganar su respeto.

**VII.** Las posibilidades singulares de la persona con la estructura del Altruista consisten en ser libremente modesto y amar al prójimo.

En una ocasión recomendé a un hombre que se había esforzado al máximo en su trabajo, que se adentrara en imaginar su «propia habitación» para reconocer mejor su relación con los demás:

Su camino le lleva hacia el centro de un lago. En el fondo se encuentra una puerta por la que entra en una construcción en forma de cúpula. Los lados de esa sala le producen miedo. Todo está oscuro.

Se vuelve hacia un lado, lo ilumina con una antorcha y ve a un chiquillo hecho de piedra que se parece al Atlas, que soporta todo el peso de la bóveda con la nuca. El rostro de esta figura es la viva expresión del sufrimiento, ya que el peso que debe soportar es excesivo.

La persona que imagina se dirige al «Atlas» y lo abraza durante largo tiempo. Al cabo de un rato la figura de piedra cobra vida. El chiquillo se estira y levanta la bóveda. Se mantiene firme sin su ayuda…

El chiquillo baila, da vueltas y gritos de alegría. Él mismo es la alegría personificada.

El hombre abraza al chiquillo otra vez y se une a él formando un solo ser. Él mismo empieza a bailar, a dar vueltas y se siente liberado de una pesada carga.

# 3
# El Ganador

*El Ganador disfruta con la admiración de los demás y se esfuerza por conseguirla. A menudo lleva puesta una máscara detrás de la cual apenas se le ve. Pero si se reconoce a sí mismo, resulta tan evidente como el agua clara.*

## El lado positivo: el Ganador adulto

El Ganador adulto está preparado para emprender el camino, ya que desea que se convierta en toda una experiencia para él. También le gusta estar acompañado por otras personas para compartir con ellas su alegría.

Si la mañana se presenta lluviosa, nuestro caminante no se mostrará sombrío, sino que observará si el cielo le ofrece alguna esperanza de que salga el sol. Si surgen dificultades, *no* dejará que éstas le desanimen. Reflexionará e intentará extraer lo mejor de la situación a la cual se debe enfrentar.

Pero si la caminata fuera agradable como se había previsto, demostrará su satisfacción con palabras y gestos. Además, quienes sean testigos de su alegría, no podrán evitar «contagiarse» de su alegría de vivir.

Conocer a un adulto de este Tipo es un placer. Es muy generoso, de trato fácil y tiene un encanto que puede ser educativo. Tiene una apariencia fresca, jovial, a pesar de no ser ya tan joven. (Esta impresión es todavía más profunda gracias al atractivo externo que a menudo le caracteriza). Quien lo conoce por primera vez, tiene la sensación de que la vida es algo viable; que la resistencia y las dificultades son simplemente algo pasajero.

Si quedamos con él para hablar sobre un proyecto, veremos que no ha pasado por alto las dificultades que pudieran surgir, sino que está abierto a las *posibilidades* que su fantasía le proporciona. Confiamos en su optimismo, especialmente si reflexiona de manera adecuada. Es muy imaginativo y tiene una sana dosis de ambición. Procura no fracasar.

El Ganador adulto trata a los demás de manera directa y clara, pero no arrogante. Parece que no exista nada más importante que este encuentro. A las personas que le rodean les transmite el sentimiento de ser importantes.

Dado este comportamiento con los demás y sus grandes expectativas vitales, puede entusiasmarlos, motivarlos y conseguir que actúen. Él mismo se deja entusiasmar por los demás, especialmente si viven los valores a los cuales no había tenido acceso hasta ese momento.

Vivir es posible. Es posible vivir una nueva vida. La vida se puede cambiar: este sentimiento es lo que transmite el Ganador adulto.

¿Cuál es su secreto?

Él se identifica con las personas con las cuales tiene contacto. Se identifica con la tarea que está realizando. Vive en su tiempo y extrae y utiliza lo máximo posible de las personas y las cosas que va encontrando en su camino. Por ello él es quien representa la sociedad en la que vive de manera actual y ventajosa.

Sí, sabe que tiene un efecto positivo en los demás y es consciente de su atractivo. Tiene gran confianza en sí mismo, pero esta confianza no es solamente consecuencia de sus frecuentes sospechas que experimenta a través otros. Sabe bien que se puede aceptar a sí mismo como es. No vive únicamente de la aceptación de los demás sino de la suya *propia*.

Y en caso de que fracase, no empezará a lamentarse, como lo haría el Reformador estancado en su desarrollo, sino que sentirá la necesidad imperiosa de realizar cambios inmediatos para solucionar sus problemas. Es consciente de sus propias limitaciones y no avergüenza a su alma constantemente. Se orienta más bien hacia los espacios abiertos que existen dentro de estas limitaciones.

Para terminar diré que es capaz de reírse de sí mismo. Tiene sentido del humor y también sabe separar las cosas importantes de aquellas que no lo son tanto.

## El lado negativo: el Ganador estancado en su desarrollo

A usted, estimado lector, no le resultará fácil encajar lo que leerá a continuación. ¿A quién le satisface despedirse de una imagen así como ser humano?

Pero si usted ha sentido un poco de envidia (un sentimiento con el cual estoy familiarizado), porque usted pertenece a otra estructura, entonces no olvide que todo ser humano lleva en sí *todas* las estructuras, aunque de forma débil, y *ninguna* de ellas tiene mejores o peores posibilidades de alcanzar la felicidad.

Ahora desearía que se familiarizara con su imagen opuesta. Es sabido que allí donde hay mucha luz, también hay oscuridad.

El Ganador estancado en su desarrollo no se preocupa demasiado por la dirección que va a tomar su caminata. La noche anterior, en un hostal en la montaña, acompañado por los demás caminantes, centra su atención en las personas que presentan las propuestas más aventureras para poder hablar de ellas con orgullo y satisfacción después en su círculo de amigos.

A la mañana siguiente se unirá a aquellos que asuman el papel de guía. Utilizará todos los medios posibles para mantenerse al mismo nivel. Si alguien tiene dificultades en el camino, averiguará enseguida si puede ganar puntos ayudándole.

Si fuera él mismo quien fracasara en el ascenso y tuviera que regresar al valle, sus acompañantes se sorprenderían al ver que considera su regreso como una excelente oportunidad para escuchar la voz de su sentido común.

El Ganador no adulto quiere ganar a cualquier precio. Se hace respetar, y si es necesario, lo hace mediante la agresión. Trabaja duro para conseguir lo que desea. Y si tiene éxito, creerá que así puede ganarse la admiración de los demás.

Para él no es fundamental lo que hace para ganar, sino simplemente ganar. El valor primario que le guía es ganar y no su contenido. Para él no importa el camino, sino el objetivo.

¿Cómo consigue atraer la atención de los demás? ¿De dónde proviene su éxito? ¿Cómo logra que los demás le coloquen en el centro de su atención y alcen la vista hacia él?

Esta persona necesita los elogios de los demás como el aire que respira. Relaciona su energía vital con los elogios. Si consigue que le elogien, empieza a florecer y se siente aceptado como ser humano. Por eso no se presenta a sí mismo, sino sólo a una *parte*, la cual a menudo no es la mejor.

Se esconde tras una máscara, mientras no se conozca a sí mismo. Esta máscara le oprime y no se ajusta a él. Pero ni siquiera siente tal opresión ni tampoco lo inadecuada que resulta, ya que lo único que le impresiona es el éxito que conseguirá con ella.

A él le importan los *resultados* y no las razones ni las causas de los mismos. Al oír aplausos le interesa saber si ha llegado a los demás, y no la pieza musical que interprete en ese momento. Esto le lleva a alejarse cada vez más de sí mismo y a perderse en su vanidad.

La vanidad se manifiesta en la contradicción de su identidad real y su identidad ficticia.

Así los demás le ven y le juzgan tal y como él se muestra ante ellos. Y si se compara con ellos, algo que hace con frecuencia, hará lo posible por estar a su mismo nivel. Y si fuera posible, intentaría superarlos casi a cualquier precio. Por ello no nos asombra que su interés por los demás se base única y exclusivamente en saber si se ajustan a sus deseos.

Le satisface que le elogien, le veneren y le quieran, pero que él quiera a los demás es algo muy distinto. Y si elogia y venera a otros, a menudo lo hace solamente para asegurarse su cariño.

La persona vanidosa lleva una vida muy fatigosa y está permanentemente en tensión. No vive en sí mismo ni tampoco está en contacto con su propio ser ni tampoco lo experimenta: no se conoce a sí mismo.

Me parece verlo ante mí, exhibiendo una sonrisa de éxito y luciendo ropa de última moda. Me alegraba siempre de su llegada y cuando se iba, empezaba a reflexionar. Era una persona que triunfaba en su trabajo; es posible que fuera uno de los mejores. Él mismo me hablaba de ello con una refinada modestia.

Pero llegó a tal extremo que no pudo contenerse más y estalló. Perdió su (aparente) actitud erguida y dijo esta frase ante mí en voz baja varias veces con evidente desesperación: «No sé quién soy.»

Otro día me contó un sueño que básicamente expresaba lo mismo:

Ve una montaña muy alta (su alma). El paisaje es precioso. Entonces ve un lago azul redondo y magnífico. Quiere ir hacia él, pero no lo consigue, ya que todo el lago, la imagen de sus deseos y de sus posibilidades interiores, parece estar cubierto por una capa de hielo que le cierra el camino.

Así es: el Ganador, al encontrarse cerca de su lado negativo, no se conoce a sí mismo. No conoce sus sentimientos, sus pensamientos interiores, su valor, su sentido, su propio ser, su objetivo.

Sabe cómo puede «llegar» a algunas personas, pero no sabe lo que es bueno para él como *persona.* Se identifica con los demás y con sus valores. Esta es una virtud que sí posee. Pero ante todo se identifica con algunas personas que parecen aportarle un cierto éxito y se esfuerza al máximo en conseguirlo.

¿Pero por qué?

En última instancia no lo hace por el éxito ni por el aplauso, sino únicamente para ser reconocido como persona, y en la medida de lo posible, para que le quieran. Su opresivo juego de máscaras, sus ademanes narcisistas, sus enormes esfuerzos son, básicamente, el intento desesperado de sentir que tiene derecho a su propia existencia.

El Reformador no adulto, con su agresión continua contra sí mismo y los demás; el Altruista no adulto, con su permanente deseo de ayudar al prójimo; ellos y todas las personas que siguen unas imágenes-clave unilaterales, *en realidad* no quieren vivir lo que experimentan en el ámbito superficial. Todas las imágenes-clave vividas son en definitiva un intento desesperado por sentir que tienen derecho a existir, a ser aceptados, a poder experimentar este sentimiento con profundidad, a que la vida les quiera.

Quien entienda esto, comenzará a ver a las personas de manera diferente. Ya no las verá de manera primaria, sino que se dará cuenta de sus anhelos y de lo que son potencialmente. Todo ser humano es mucho «más» que su estructura negativa y también mucho «más» que su estructura total. Es mucho «más» que sus fracasos y mucho «más» que sus éxitos.

Todo ser humano evoluciona y vive en un continuo dilema entre aquello que todavía no es y aquello que debería y puede ser, aunque sea de manera inconsciente.

Un ser humano que se esconde tras un personaje o una máscara, se va alejando cada vez más de sus propios sentimientos y su fuerza interior. Y por ello no es sorprendente que a menudo confunda los sentimientos ligados a su *personaje* con los suyos propios. Cuanto más se olvide de sí mismo y se adapte a las situaciones que le aseguran un beneficio como si fuera un camaleón, menos sentirá cuál es su propia verdad personal y cuál no lo es (Observe las similitudes que tienen el Altruista y el Ganador en este aspecto en cuanto a su tipología).

Si el Ganador no adulto fracasa, tiene muy difícil enfrentarse a la situación real. Es muy generoso para con la verdad. No duda ni un minuto en atribuir las razones de su fracaso a los demás. Su «capacidad» de interpretar las derrotas como triunfos parciales resulta desconcertante. En ocasiones levanta su campamento para conseguir su «felicidad» en otro ámbito vital. Entonces sus amigos de siempre se sorprenden del gran ímpetu con el que comienza su «nueva» vida y se olvida de la anterior. Ellos le dirían que sigue sin plantearse sus verdades personales, pero él ni siquiera lo entendería.

Se aferra a aquello que le garantiza el éxito. Rechaza aquello que cuestiona su éxito. Se aferra a los valores que fomentan su vanidad. Se aferra a su máscara y no se da cuenta de que se ha convertido en ella. Incluso niega al amigo sincero que pretende cuestionar esa jerarquía de valores que le mortificará algún día.

Ya en su infancia estas personas fueron testigos del reconocimiento que les proporcionaba el éxito. Sin embargo es probable que se acostumbraran a ello en exceso. Pero también se dieron cuenta de que obtenían reconocimiento no por su *propio ser*, sino por sus logros. A pesar de esto, dada su corta edad, no eran capaces de formarse su propia opinión. Así se desarrolló el patrón vital que les proporcionaba todo, excepto la felicidad.

En una carta conmovedora a un joven amigo, Sören Kierkegaard describía el riesgo de un ser humano con esta estructura:

> «Dices que la vida es juego de máscaras. Y tú mismo juegas a la mascarada de tu vida, con una diversión infinita; representas tu papel con un virtuosismo tal que nadie ha conseguido desenmascararte. Te muestras a ti mismo, causando un nuevo engaño. Pero no eres tú el único que se divierte. Sólo puedes respirar bajo la máscara. Que el ser humano verdadero se acerque a ti es algo que te roba el aliento. Te sientes obligado a mantener esa máscara a causa de la miseria. Y de hecho lo consigues perfectamente, ya que tu máscara es la más secreta de todas...
>
> »Conozco a personas que traicionaron a los demás hasta el punto de no poder mostrar su propia esencia. Conozco a personas que, por gracioso que parezca, se escondieron tanto tiempo con orgullo tras un secreto impenetrable, que al final se vieron forzadas a imponer sus más secretos pen-

samientos a los demás... Todo ser humano tiene algo en su vida interior y exterior que le impide mostrarse a los demás claramente; le impide comprender su comportamiento respecto al mundo y no puede manifestarse a sí mismo. Quien no puede manifestarse a sí mismo no puede amar; y quien no puede amar se convierte en la persona más desgraciada del mundo. Y tú haces que esto avance como un juego malicioso para llegar a ser el acertijo para los demás. ¿Quién, si no nadie, puede resolver este acertijo...?»

KIERKEGAARD,
*Sinnspuren*, publicado por
Hohn-Kemler, Friburgo 1989, pág. 88 y sigs.

## LA RESISTENCIA AL DESARROLLO DE LA PERSONALIDAD

«*Debo* triunfar.» Este principio, que en el Ganador estancado en su desarrollo se convierte en fuente de sufrimiento, es el centro de su mayor resistencia a ampliar su personalidad.

Su vida es demasiado unilateral. La *esencia* no tiene valor para él, sino la posesión: el prestigio, el dinero, las apariencias. Con esta orientación de valores, el Ganador va nadando en las aguas de nuestro tiempo y por ello es aceptado por muchos con su modo de vida. ¿Por qué debería cambiar él, precisamente? (Esta frase ya la hemos oído anteriormente).

Cuanto más tiempo siga viviendo con una orientación de valores unilateral, más se alejará de la percepción de su valor auténtico y de su ser. Si se ve en apuros, buscará la solución en su estrategia de siempre: trabajar aún más, rendir aún más, ganar una vez más.

Pero, dado que el Ganador, por su estructura, tiene buena percepción para las cosas que salen bien en la vida, es posible que estando en apuros llegue a la autorreflexión, especialmente si esta situación afectaba a sus últimos triunfos.

## Caminos hacia el desarrollo de la personalidad

I. Un necio sería quien no se complaciese de sus propios logros ni de los de los demás. Un loco sería quien no disfrutase del éxito propio o ajeno. La cuestión es qué logros consigue una persona y qué emociones experimenta al conseguirlos.

Cuando el éxito, sea del tipo que sea, se convierte en un valor primario y define la vida entera, el éxito se convierte en un enemigo del cuerpo y el alma. Esto es algo que muchas personas ya saben. Pero estoy seguro de que muchas de ellas no llegan a esta consecuencia. Quizá la razón de esta inconsecuencia resida también en el hecho de no comprender realmente la relación catastrófica entre un razonamiento dominante centrado en el éxito y sus consecuencias.

Cuanta más importancia tenga el éxito para una persona, más irá girando alrededor de su propio yo y de lo que quiere ser y tener. Al dar cada vez más vueltas sobre su propio yo, exteriorizará cada vez más. Cuanto más exteriorice, más se alejará de sus propios *fundamentos* y más se separará interiormente de otras personas. Cuanto más se aleje de otras personas, menor será la estimación recibida y mayor será la desesperación con la que gira alrededor de su propio yo. Y aquí se cierra el círculo.

Pero podría proseguir: cuanto mayor sea la desesperación con la que gira alrededor de su propio yo y cuanto más se aleje de sí mismo, más deberá esforzarse en conseguir el éxito y más fuerza creativa perderá. Al fin y al cabo, la creatividad, esta delicada flor del alma, sólo brota si se recoge donde crece: en el mundo interior.

Cuanto menor sea su propia fuerza creativa, más «estratégica» será su manera de trabajar y más cosas perderá. Y así girará solamente alrededor de su yo exhausto y desesperado.

Para el Ganador es de vital importancia *comprender* este contexto entre cuerpo, alma y espíritu.

¿Cómo encuentra el camino hacia su propio yo?

**II.** Ahora en primer lugar se trata de averiguar si es capaz de ver concretamente sus fracasos. Pero como ya sabemos le costará un cierto esfuerzo. Si no empieza a tener en cuenta las dificultades con su pareja y sus hijos, sus amigos y colegas, su cuerpo y su alma; si no empieza a afrontar sus derrotas y fracasos con seriedad, de momento no podrá seguir evolucionando ni empezar de nuevo.

Hay dos reflexiones que pueden serle de ayuda para atreverse a dar este primer paso:

Existe una ley del alma que atañe a todo ser humano: todo aquello *esencial* que reprimimos, toda verdad personal fundamental que ocultamos, no solamente *no* se disuelve, sino que intenta imponerse al consciente a la fuerza para conseguir cierto reconocimiento. Y ninguna represión por muy «viable» que sea podrá disolver esta ley. Quien no lo reconozca, deberá pagar este rechazo y sufrir sobrecargas físicas y emocionales tarde o temprano. Por ello tendrá menos calidad de vida.

Pocas cosas hay en la vida que disminuyan la fuerza de la persona tanto como esta represión de las verdades personales. Este hecho no es un descubrimiento de la psicología, sino una verdad reconocible en la realidad humana. (Ya se conocía antes de Freud y no era exclusiva a nuestra cultura).

Lo que sigue es también cierto: no hay nada que transmita tanta fuerza a una persona como el reconocimiento de las verdades personales fundamentales. En este sentido no nos referimos solamente a las «negativas», sino también a las «positivas».

¿Y por qué es así? Porque la vida quiere *vivir* y la vida sólo puede vivir si es *aceptada*. Porque la vida quiere totalidad y la represión significa *división*.

**III.** El Ganador no adulto no está acostumbrado a tratar con su mundo interior. Por ello, podría pedir a alguna persona de confianza que le dijera cómo le ve y qué opina de él, no una única vez, sino varias veces. No en un bar, sino en un lugar tranquilo y a una hora concertada.

Pero esta charla tendrá sentido solamente si esta persona expresa su opinión personal de manera inconvencional y sincera e intenta fundamentarla. También es indispensable que el Ganador le escuche y no empiece a justificarse y a buscar pretextos.

**IV.** Hay algunos estímulos mentales probados para impulsar la reflexión en caso de que la persona hable consigo misma o con alguien de confianza. He seleccionado doce de estos estímulos (incluso a mí me resulta positivo dejarme impregnar de vez en cuando por ellos):

1. Toda mi vida he deseado...
2. Toda mi vida he deseado no...
3. Lo que es realmente necesario en mi vida es...
4. Para mi vida es imprescindible...
5. El punto central de mi vida reside en...
6. El punto principal de mi vida debería ser...
7. ... juega un papel demasiado importante en mi vida.

8. Lo que nunca he admitido en toda mi vida es...
9. Si no me preocupara tanto la opinión de los demás, sería...
10. Me emociona mucho que...
11. Intuyo que la felicidad es aquello que...
12. Lo que me sostiene en la vida es...

V. El Ganador estancado en su desarrollo se esfuerza demasiado en el trato con los demás. El equilibrio entre ambas maneras de ser de la persona, entre el *homo individualis* y el *homo socialis*, es muy limitado. Está demasiado orientado hacia el exterior y muy poco hacia el interior. Ni él mismo se soporta. Y si está solo, hace lo imposible por mantenerse ocupado y no llegar a un punto de tranquilidad.

Toda las culturas han conocido este problema desde siempre y han intentado llevar a cabo ejercicios para la (re)construcción del equilibrio interior, tanto en la mente como en los sentimientos, para armonizar el interior y el exterior. La antigua China por ejemplo, buscó su camino hacia la mejora a través del Tao, en la India a través del yoga, en el Japón se desarrolló la práctica del Zen y la tradición cristiana practicó la contemplación.

Todas las culturas han sabido siempre que el *conocimiento* de un problema o de un *camino de salvación* no es lo único que nos puede llevar a realizar los cambios verdaderos, porque siempre hay que dar también los pasos necesarios para los cambios reales. Este hecho ha sido descrito de manera sorprendente por Eugen Herrigel (*Zen in der Kunst des Bogenschiessens*, Berna, Munich, Viena 1990, pág. 30)

Cuanto más difícil le resulte a una persona apoyarse a sí misma, más beneficiosos serán los ejercicios con un desarrollo claramente estructurado.

El cardiólogo inglés Herbert Benson ha desarrollado algo similar en su *Relaxation Response*: un ejercicio para combatir el estrés. En esta obra se resumen los elementos estilísticos meditativos de diferentes culturas. Benson recomienda realizar este ejercicio de una a dos veces al día entre 10 y 20 minutos.

Sus efectos son sorprendentes: se consigue alejar los pensamientos perturbadores que suelen aparecer en momentos de calma. Cuerpo y mente se tranquilizan rápidamente. El espíritu se vuelve transparente. La persona se siente centrada y se va acercando a sí misma, a su propio yo. El ejercicio consiste en lo siguiente:

1. Elijo una palabra-foco (como tranquilidad, sinceridad, coraje).
2. Adopto una postura cómoda.
3. Cierro los ojos.
4. Relajo los músculos.
5. Mientras respiro lentamente y de forma natural, voy repitiendo la palabra-foco con cada espiración.
6. Permanezco pasivo. Si los pensamientos «se escapan», los vuelvo a dirigir con suavidad hacia el foco.

Este ejercicio es beneficioso. Resulta muy útil. Pero tenga en cuenta lo siguiente: el regalo más precioso no tiene valor para la persona que lo recibe si no lo desenvuelve y lo disfruta.

Quien realice este ejercicio, experimentará con el paso del tiempo un fenómeno que vale mucho más que cualquier éxito externo. Encontrará su «voz interior».

**VI.** «La voz interior», esa voz tan valiosa y descuidada de nuestro mundo interior, podría cambiar la vida del Ganador de una manera muy significativa...

¿Qué es y de dónde viene?

Es una interacción genial del instinto, la intuición y la experiencia; un dúo refinado de la naturaleza y el espíritu.

Blaise Pascal, el gran filósofo francés, la llamó «la sabiduría del corazón», y afirmó que *ella* conoce razones para vivir que la razón desconoce.

Nunca habla en voz alta ni aparece cuando hay estrés. Nunca se pronuncia bajo presión. Siempre se aparta de las maquinaciones. Únicamente en silencio es posible oírla. Solamente oirán esta voz en silencio quienes así lo *deseen*.

Se manifiesta en las intuiciones y aparece claramente a través de los sentimientos. Se expresa mediante los pensamientos. Y quien la oiga sabrá que es *ella* que habla dentro de sí mismo. Quien comience a hacerle caso a esta voz, empezará a oírse a *sí mismo* y ya no dejará que otros dirijan su vida.

**VII.** Si el Ganador quiere avanzar con éxito, prestará atención a sus sueños, a esos amigos interiores que hablan con la mayor claridad de lo que había en la vida, de lo que hay y de lo que podría haber. Los sueños no llevan máscaras.

Pero los sueños lo son todo menos «espuma psíquica». Son expresiones de nuestro mundo interior. Quien empiece a comprenderlos, empezará a comprenderse mejor a sí mismo.

Los sueños expresan de manera plástica y palpable el lado unilateral de la vivencia de los valores y sus consecuencias. Muestran a la persona dónde se encuentra hoy y aquí y aquello que todavía le ata a su pasado. Le muestran campos anchos de su vida no vivida. Le exigen que se desprenda de todas las viejas y nuevas represiones que son la causa de su vida no vivida. Le invitan a que se confíe a una vida sincera y le muestran las vías de salida hacia la libertad.

Cuanto más se familiarice el hombre con sus sueños, mejor podrán guiarle hacia la fuente de la sabiduría que reside en todos nosotros, la cual se podrá convertir en la fuente de la vida verdadera.

Los sueños son uno de los medios más efectivos para desarrollar la personalidad. Esto es algo que ya nadie pone en tela de juicio, especialmente si está acostumbrado a analizarlos. (En mi pequeño libro *Sprache der Träume, kleine Reihe zu Lebensfragen*, SKV-EDITION 1994, encontrará usted ayuda para analizar este mundo tan enigmático).

**VIII.** La sinceridad y el dinamismo orientado hacia el sentido son las características especiales del Ganador que está en armonía consigo mismo.

La sinceridad es la expresión de la claridad interior.

A una mujer le sugerí que iniciara una «caminata» hacia este lugar para que pudiera experimentar el sentimiento de esta claridad:

Se adentra en las aguas turbias de una fuente (la fuente es el símbolo de la entrada en el mundo interior) y llega a una pequeña cueva. Allí empieza un pasillo en forma de túnel que se extiende hacia las profundidades. El camino nos lleva a una sala con poca claridad. Ella no se siente a gusto.

De las paredes cuelgan unas imágenes cubiertas por telas. Le pregunto si no desea observarlas. Vacila por el miedo.

Entonces destapa las imágenes y aparecen así, una tras otra, las imágenes de su propia vida que reflejan épocas un tanto desagradables.

Pero al ir observándolas, la sala va adquiriendo más y más claridad hasta que se ve inundada de luz. El centro se ve iluminado por un rayo de luz muy potente. Le sugiero que se adentre en él.

Allí se encuentra, en medio de la luz, y deja que se adentre en ella y que la ilumine.

El entorno es claro.

Ella también se siente así.

# 4
# El Romántico

*El Romántico ama lo peculiar y por ello va en busca del tesoro peculiar. En ocasiones parece que el camino sea su único objetivo. Pero cuando encuentra su hogar interior, también el mundo «ordinario» se convertirá en aquel lugar en el cual podrá reposar su alma.*

## El lado positivo: el Romántico adulto

El Romántico adulto sólo se une por momentos al grupo de caminantes. Pero cuando está en su compañía, canta con una sonrisa las mismas canciones que ellos cantan a plena voz caminando por el paisaje. (El que le siga con la mirada, verá que se divierte con su sola presencia). De vez en cuando da una palmadita en la espalda de aquellos que caminan cerca de él y les enseña una planta maravillosa en cuya belleza no habían reparado.

Luego siente la necesidad de estar solo de nuevo para apreciar la belleza en calma y dejar que actúe en él. A veces, cuando el sol se pone, ya no presta atención al camino y se encuentra totalmente ensimismado. En ese momento ninguno de los que le acompañan se atreve a perturbar su calma.

Parece desprender algo que impone respeto, incluso más que eso.

Es que él es un caminante especial.

La hora del té en casa del Romántico adulto no es tomar el té, se convierte en una fiesta. La disposición de la mesa, la música suave elegida especialmente para la ocasión, la discreta iluminación de la habitación, pero especialmente la charla sensible nos muestra que nuestro anfitrión es una persona especial.

En él vemos a una persona culta y sensible que parece comprendernos muy bien. Y de hecho es una persona que no se siente extraña en casi ninguna de las parcelas de las profundidades de la vida interior.

Su lenguaje también es agradable. Es diferente, sin ser complicado, es claro, pero no brusco. Si deja que actúe en usted, sentirá que sus palabras expresan algo que proviene de la auténtica experiencia.

Sí, él tiene mucho olfato para lo auténtico. Lo busca en sí mismo y en los demás, especialmente en las «grandes» personas. La búsqueda de lo auténtico es la búsqueda de lo esencial, lo sencillo, y ante todo de lo que es fiable en la vida.

Conversar con él resulta interesante, estimulante, no habla de temas corrientes ni superficiales, ya que rechaza enormemente lo corriente, lo banal y lo mediocre. La belleza, el arte, la cultura son sus temas preferidos. Pero no abusa del lenguaje para representarse a sí mismo. Él disfruta más llamando la atención del otro sobre cosas que este desconocía.

Se muestra abierto si su interlocutor también lo está para hablar de temas «difíciles» como la cuestión del ser y el sentido, los fenómenos de difícil comprensión del mundo interior, el sufrimiento y la manera de afrontarlo. Entonces se nos muestra como una persona especialmente comprensiva, instruida y libre de miedo.

El mundo interior, con su oscuridad, es su mundo y no le causa ningún miedo; al contrario: en él se siente como en casa. Todos los aspectos *intensos* de la vida le atraen: el nacimiento y la muerte, el amor y el desamor; en definitiva: todo lo que tiene que ver con el lado auténtico de la vida.

Quien se confía a él en momentos de crisis, tendrá a un guía de confianza, imaginativo y compasivo. Dada su gran comprensión de lo abismal del alma, tiene la gran habilidad de dejar que las personas descalificadas moralmente por terceros, se muestren tal y como son.

Sabe lo que significa perderse en la vida y por ello es muy comprensivo con el sufrimiento de su interlocutor.

Sabe lo que es el dolor. Lo siente y lo admite. Sin embargo, ha aprendido a limitarlo en cierto modo.

Conoce la melancolía. Pero no la reprime, porque ha aprendido a no perderse más en ella.

Sabe lo que significa no sentirse a gusto en la vida, pero no permite que la falta de hogar interior ensombrezca su sentido adquirido de lo que es el hogar.

Con el paso de los años se siente cada vez más a gusto en la vida. Le seduce enormemente revelar sus dotes creativas y artísticas. Y como suele disponer de ellas en gran medida, también está seguro de que los demás sabrán apreciar en él estas habilidades.

Con el paso de los años disfruta cada vez más de todo lo que es fuente de satisfacción en la vida. Con su gusto excelente busca y encuentra, siempre que le sea posible, las joyas que puede ofrecer la vida, como un plato selecto o un vestido precioso, un viaje a un concierto de un gran maestro o ese libro tan peculiar que encuentra en una tienda de antigüedades.

El mundo interior sigue siendo importante para él, pero el mundo exterior ha ganado más importancia. Disfruta al ser capaz de mantener un cierto equilibrio entre estos dos mundos.

Pero no desea echar de menos del todo ese sentimiento que conoce desde su infancia, fuente de gran desasosiego: el anhelo de lo lejano, del tesoro escondido tras las montañas, el anhelo de la «flor azul». Y así se convierte en un «caminante entre ambos mundos», pero un caminante que dice que sí a la vida.

Hay algo en él que es difícil de explicar con palabras. Al encontrarnos con el Romántico sentimos un cálido trasfondo, un equilibrio muy enraizado, una curiosa soberanía.

Intuimos que estas cualidades no le son innatas, sino adquiridas mediante un gran esfuerzo.

## El lado negativo: el Romántico estancado en su desarrollo

Casi siempre camina solo, porque se siente excluido por los que le acompañan en el camino. Una vez en compañía, tiene la impresión de que no lo toman en serio y que preferirían alejarse de él. Algunos se preguntan por qué se ha unido a ellos: no le comprenden. Pero como no quiere estar siempre solo, busca con la vista a aquellas personas que como él se sienten un poco al margen del grupo.

Parece como si percibiera muy pocas cosas del camino que recorre. Su mirada se adelanta, como si hubiera descubierto algo inusual en la lejanía. En ocasiones, sobre todo cuando alguien le observa, se queda parado y vuelve la vista con melancolía hacia el lugar de donde procede. Si alguno de aquellos que le han rechazado pudiera verle así, no le resultaría difícil agarrarle por el hombro.

El Romántico no adulto siente que le falta algo esencial en la vida: sentir que ha encontrado su hogar en la vida. Se siente como un niño para el cual no hay sitio en esa casa. Piensa que no pertenece a ningún sitio y que no tiene derecho a existir.

Sufre de la vida, de su vida y de la vida en general. No sólo no ha encontrado su hogar, sino que no consigue apreciar el sentido. No sabe qué finalidad tiene su vida. Por ello no resulta sorprendente que su vida se base en un profundo anhelo por la muerte.

Al encontrarse bajo un árbol y oír el canto de la primavera, es posible que siga sintiendo melancolía y crea que esta magia pronto pasará.

Puede que se sienta muy querido por otra persona, y que vea lo que hay ante él, pero no consiga creer que este sentimiento que tanto anhela realmente esté destinado a él.

La persona que se siente así resulta poco atractiva para los demás. Esto es algo que también el Romántico percibe a menudo y por ello se siente como una persona marginada.

Por ello resulta muy difícil que los demás le acepten.

Tiene cambios de humor: unas veces es galante y atento y otras se muestra arrogante y humilla a su interlocutor.

Otras veces resulta agotador oírle hablar de símbolos y rituales, como si estuviera interpretando una escena dramática.

La persona que le conoce desde hace tiempo comprenderá que el Romántico a veces no se refiere a las personas con las que está hablando. Éstas son quizá quienes desencadenan sus sueños y anhelos. Es posible que se quede junto a ellos por querer ser partícipe de su carisma, especialmente si se trata de «grandes personas».

Sí, a menudo parece arrogante y extravagante. Quien no le reconoce, se siente rechazado. Pero estas actitudes no expresan seguridad en uno mismo. Se muestra así cuando la vida llora dentro de él y siente un gran miedo por la inmensidad de ese mundo exterior. Esta forma de autorrepresentación no es más que el intento desesperado de *ser algo*: si no puede ser alguien con cierto sentido de «pertenencia», como mínimo querrá ser alguien que tenga su propio mundo *especial*.

¡Anhela tanto poder ser como todos los demás! Thomas Mann describió el anhelo del Romántico en *Tonio Kröger* de manera impresionante:

Se celebra una gran fiesta. Todos bailan y están de buen humor. Tonio es el único que se encuentra en la tribuna, apartado de la multitud que disfruta de la fiesta. Les mira en la distancia, tanto exterior como interiormente. Pero sólo es *un* lado.

El otro lado: Él ve a Hans Hansen, ese rubio sudado que ríe y no para de bailar en toda la noche, y desearía, al igual que él, disfrutar de los «placeres de lo trivial».

La persona que se siente tan al margen de la vida como el Romántico, víctima de su propio sufrimiento, a veces desarrolla sentimientos que no le gustan, como la envidia y los celos. Y por mucho que intente reprimirlos, se apoderan de él al ver que los demás consiguen la felicidad en la vida real y no solamente en los sueños. Y cuando siente envidia y celos siente de nuevo lo que sentía siempre: que él no se merece existir. Entonces vuelve a aislarse y siente ira contra sí mismo y contra la vida, y se coloca esa máscara no deseada.

Cuanto más se rechaza a sí mismo, más situaciones surgen en las cuales se comporta de esa forma. Y a los demás no les queda más remedio que rechazarle también. Incluso puede llegar a sobrepasar los limites de la legalidad al no regirse por las normas habituales. Llegado este momento, ha establecido sus propias normas y su propio rasero y, aparentemente, se ha convertido en una persona elitista y desmesurada.

Como no se siente a gusto en la vida, tampoco vive en su tiempo. Anhela los viejos tiempos y esa felicidad pasajera. Anhela poder progresar para encontrar esa «flor azul», y confía que ésta le facilite la gran vida que él desea. Pero en el aquí y ahora no está la felicidad.

Parece como si le bastara con el anhelo y la búsqueda, como si se opusiera al encuentro.

Una señora mayor me contó una vez un sueño que había tenido:

Está caminando y sabe que busca algo en concreto. Pero no sabe qué podría ser. Intuye que ese «algo» podría estar relacionado con la paz.

Entonces la ve en la distancia: la flor azul. Se apresura a llegar hasta ella, sin apartar la vista. ¡Tiene un color tan bonito y su forma es tan perfecta!

Se acerca a ella. Empieza a flotar y se queda paralizada

El interior de la flor está frío, helado y eso le produce rechazo. Por eso se aleja de ella.

Sigue caminando y despierta al ver que a lo lejos se encuentra el río de la vida. Este río brilla a la luz del sol y fluye a través del paisaje hacia su gran meta.

Este aspecto tan curioso del Romántico víctima del sufrimiento fue descrito por el italiano Francesco Petrarca:

> «... y además llego a sentir una falsa dulzura en todo aquello que me hace sufrir. Este triste estado del alma es para mi un exceso de dolor, miseria y sobresalto, un camino abierto a la desesperación... Y la cima de toda la pena es mi recrea-

ción en mi propio llanto y en mi dolor. Me resulta muy difícil alejarme de mis lágrimas.»

FRANCESCO PETRARCA citado por R.Rohr y A. Ebert en *Das Eneagramm, die neun Gesichter der Seele,* Munich, 1989, pág. 104.

Lo que dice el poeta Petrarca confirma el sueño que me contó otra mujer, un sueño que muestra claramente y en pocas imágenes la miseria de una persona que se encuentra atrapada en el lado negativo de su estructura:

«Estoy rodeada de un bello paisaje. Hay muchas personas paseando. Todos parecen contentos. Se deleitan en los platos y bebidas deliciosos de los vendedores ambulantes.

»No quiero quedarme aquí.

»Me pongo en camino y me dirijo al desierto. El sol brilla con fuerza y me quema. Después de un buen rato vuelvo a ver muchas personas ante una casa de madera donde se les ofrece algo en concreto. Allí cerca veo otra casa. Ante ella también hay personas que están esperando para recoger algo en concreto.

»Veo que ante la primera casa hay un punto donde reparten agua. Pero sólo la reciben quienes han ido a buscar un cubo en la segunda casa.

»Intento que me den agua sin tener cubo. Pero cuando llega mi turno se niegan a ello, porque no llevo ningún cubo.

»Yo ya sabía que "esto" sucedería.»

¿Cómo se convierte uno en una persona así?

¿Quién se atreve a decirlo?

Sin duda, debemos decir que la predisposición es una razón y que la segunda son las vivencias tempranas en la casa paterna. Siempre nos han dicho que el Romántico ha experimentado vivencias dolorosas de pérdida durante su infancia. Me refiero a un divorcio, a una mudanza, al nacimiento de hermanos pequeños...

Pero cuanto más relatos me cuentan sobre su niñez y de su vida, y no sólo los Románticos, más dudo que pueda crearse una imagen clara de la formación de una persona a partir de los datos y los comunicados. Los relatos de la infancia, a partir de los cuales surgen muy diferentes problemas, se asemejan demasiado los unos a los otros. Los relatos sobre diferentes fases vitales divergen mucho entre ellos al hablar sobre lo que pasó en el pasado.

No hay duda de que también la sociedad influye en las personas, y también la época en la que viven y también lo hace el cosmos en el que se desarrolla la vida.

Sin duda la razón del desarrollo de una persona reside también y en particular en lo que ella misma ha conseguido en su vida, es decir, en su libertad de elección. ¿Pero quién se atrevería a decir qué razones *concretas* influyen en la vida y cuáles de ellas son *prioritarias*?

Quizá deberíamos introducir otra categoría, que tiene más inconvenientes y es más difícil de comprender que las que hemos establecido hasta ahora. Llámese destino, o razón vital o tal vez Dios. En todo caso me parece que un aspecto del misterio del ser humano reside en que, al fin y al cabo, no sabemos por qué somos así como somos, y por eso al fin y al cabo tampoco sabemos si en nuestra vida actual podríamos haber actuado de manera distinta.

## La resistencia al desarrollo de la personalidad

«Debo ser una persona especial.» ¿Qué razones podría tener una persona con este principio para querer cambiar su vida?

En la práctica, al Romántico no adulto le cuesta mucho desarrollar su personalidad.

Los que le conocen y sus (pocos) amigos hace tiempo que se han acostumbrado al papel que el Romántico representa en la vida y a algunos les parece interesante. Cambiar significaría abandonar este papel y tomar parte en la vida normal y corriente.

Otra razón para su resistencia es su melancolía, la cual le conduce hacia su mundo interior de una manera dolorosa, pero le proporciona también alegrías extrañas. Y son precisamente estas experiencias las que consiguen convencerle de que nadie puede comprender su sufrimiento sino él mismo.

Por ello es muy vulnerable cuando alguien se atreve a recordarle sus dificultades y las raíces de las mismas.

En mi opinión la razón principal de su resistencia es la agresión que manifiesta contra sí mismo. ¿Por qué razón debería hacerse amigo de una persona con su mismo carácter? ¿Para qué debería favorecer una persona así?

Mientras reflexiona con ira sobre esta cuestión, puede que intuya la posibilidad de destruirse a sí mismo. Pero en todo lo que vive se esconde también el germen del aspecto contrario...

## Caminos hacia el desarrollo de la personalidad

**I.** ¿Qué puede motivar al Romántico, víctima del sufrimiento de la vida, para *querer* llevar a cabo un proceso de cambio?

Solamente lo considerará necesario si, además de conocer y sufrir a causa su miseria, la siente de manera consciente. Es entonces cuando empezará a avanzar hacia el espacio interior de la decisión, donde verá claro si desea continuar viviendo como hasta ahora o no.

¿Qué camino le llevará hasta ese lugar?

El camino que le acerque a sus sentimientos. Y este camino empieza, de nuevo, en el silencio, algo tan sumamente apreciado por el Romántico. Romano Guardini lo ha descrito de manera estupenda en su libro *Vom Sinn der Schwermut* (Zurich, 1949, pág. 36 y sigs.)

Aquí está solo, no lleva ninguna máscara; puede ser permisivo consigo mismo y dedicarse a sí mismo.

Y entonces, ¿qué es lo que ve?

Primero ve su oscuridad interior, su nostalgia, su añoranza, sus anhelos, las huellas de sus heridas y también el odio que siente por sí mismo.

Percibe todo aquello que le hace sentirse extraño en este mundo.

Pero si permanece en silencio y *busca* si se muestra algo más que oscuridad, empezará a ver que el alma es polifónica, al igual que una gran orquesta. Entonces empezará a intuir que junto la melancolía, así como debajo y encima de ella, hay otras fuerzas altamente positivas que también esperan ser percibidas y experimentadas. Si se mantiene en ese lugar durante un rato, es posible que vea unas imágenes totalmente nuevas y empiece a intuir que él es «*más*» que su miseria y «más» que el problema causado por ella. Entonces se planteará de nuevo si desea o no seguir viviendo como hasta ahora.

Todo dolor profundo del alma exige atención, porque el dolor sólo quiere reclamar vida nueva. Si se le presta atención, dolerá mucho durante algún tiempo, pero después conducirá a la persona a su zona de las fuerzas vitales interiores, que tanto ha estado buscando.

**II.** El Romántico tiene presente que hace mucho tiempo perdió algo esencial en la vida, especialmente el amor. Y todo aquello que experimentó a partir de ese momento, lo considera consecuencia de esta pérdida.

Esta pérdida puede que sea la *causa* de su sentimiento vital actual; pero no es esa la *razón*. La razón se encuentra más bien en su enfoque de aquello que fue y es ahora.

Sin duda es importante que él, habiendo sufrido tantas pérdidas, deje salir su viejo dolor (en tal caso puede que necesite la ayuda de un desconocido).

No obstante, incluso si ya se ha desahogado, llegará a replantearse la cuestión sobre si desea continuar viviendo a pesar de la pérdida y la manera de hacerlo.

Sigue siendo de vital importancia que el Romántico encuentre el acceso a las agresiones, mayoritariamente inconscientes y enmascaradas, y la historia de sus resultados fatales, causados por la pérdida sufrida anteriormente (en este caso sería recomendable recibir la ayuda de una tecera persona).

Sin embargo, incluso si ya se ha dado cuenta de este problema, llegará a replantearse la cuestión sobre si desea seguir viviendo sin sus agresiones y la manera de hacerlo.

¿Pero cómo puede una persona llegar a enfocar su vida actual de manera *distinta* si no ha logrado deshacerse de las antiguas heridas?

Estar decidido a vivir una nueva vida es algo que sólo consigue la persona que no sólo conoce sus viejos sentimientos sino también los *nuevos*.

¿Sentimientos *nuevos*? Sí, aquellos que todavía no han sido descubiertos y que se muestran «junto», «debajo» o «encima» de la melancolía; unos sentimientos que por supuesto el Romántico también tiene dentro de sí mismo: la libertad, la responsabilidad, el coraje, la esperanza, el sentimiento de los valores, entre otros.

Sin embargo, en la medida en que llegue a divisar estas posibilidades no vividas, se sentirá también atraído por ellos.

Cuando empiece a sentir la claridad dentro de sí mismo, comenzará a superar ese viejo sentimiento vital.

Si la estancia en el silencio no le sirve de ayuda, necesitará una persona cualificada que le muestre el camino.

En otras palabras: tampoco el Romántico podrá eludir la respuesta existencial a la *única* pregunta a la cual todos nosotros debemos responder. Y esta respuesta sólo puede ser una respuesta espiritual. La pregunta es la siguiente:

¿Quiero vivir en este mundo?

Si la respuesta es «sí», experimentaré cómo la vida se abre ante mí; cómo se abren aquellas partes más lejanas a las cuales no había tenido acceso hasta ahora. Porque el sí a la vida se convierte en amor a la vida. No hay nada que ensanche más mi campo visual de los valores y con ello mi experimentación del sentido que el amor.

Si la respuesta es «no», entonces ocurrirá exactamente lo contrario. La vida se cerrará ante mí y en algún momento me será negado el sentido.

Todo ser humano puede, si quiere, encontrar argumentos a favor y en contra de la vida. Pero estos argumentos nunca son aquello que determina nuestra trayectoria vital. Determinante para la vida es nuestro sí o nuestro no, más que cualquier otro argumento. El sí o el no son el presagio de que la vida nos va a pasar factura. El sí o el no deciden aquello que encontramos en la vida y *cómo* encontramos nuestra vida. El sí y el no son, al fin y al cabo, un acto de la *confianza* o *desconfianza* respecto a la vida. La vida saldrá al encuentro de quien decida confiar, se trata de nada menos que esto. A quien decida desconfiar, con los argumentos más convincentes de su parte, le será negada la vida y esto le proporcionará otros argumentos que reforzarán su convicción de que la vida no vale la pena.

**III.** Adentrémonos de nuevo en las tierras bajas de las tipologías. El Romántico podría obtener muchas cosas si intuyera mejor el tesoro relacionado con su Tipo. ¿Acaso es consciente de lo que significa poseer esas dotes artísticas, ser tan sensible y comprensivo, capaz de jugar con los símbolos y de profundizar tanto en las cosas?

En cierta ocasión le pedí a una mujer que me contara todo lo que pudiera sobre las cualidades y las mayores virtudes que le caracterizaban. Su primera reacción a mis pretensiones fue, como esperaba, de puro rechazo.

Cuando decidí insistir, empezó a nombrar una serie de cualidades como buena ciudadana: me dijo que sabía escuchar y que era una persona de confianza, etc.

Entonces se quedó boquiabierta. Parecía como si su alma le hubiera inyectado una dosis de valor. (Cuando sometemos al alma a tales ejercicios automáticos muestra mejor voluntad de lo que creemos). La mujer se puso en pie y transmitió una cualidad valiosa tras otra a los que estaban presentes. Empezó a descubrirse a sí misma desde un nuevo punto de vista.

Esta cura basada en la búsqueda duró casi quince minutos. Entonces me miró, y me dijo, radiante: «Pero si todo esto soy yo, todo esto soy yo también.» La «cura» cambió su experimentación de los valores, respecto a sí misma, los demás y la vida.

**IV.** El Romántico se ha herido tantas veces a sí mismo en los encuentros con los demás: con su arrogancia y extravagancia, su conducta trágica, sus actuaciones dramáticas y también pegándose a los talones de personas «importantes» y «especiales». Y nadie mejor que él sabe lo irritante que resulta tal conducta.

Con un simple, pero eficaz proceso (nada especial), podría ayudarse a sí mismo para tener en el futuro un efecto menos insólito en los demás:

Podría anotar en una libreta todo aquello que ha puesto en peligro su relación con los demás para así tenerlo presente y dejar que influyera en él.

Esta retrospectiva tendría un efecto doble:

Al principio sentiría mucha rabia consigo mismo al darse cuenta de que ha vuelto a caer en el mismo modelo de comportamiento. Pero al día siguiente estaría más alerta ante tales «trampas».

Y al comportarse él de manera diferente, los demás también cambiarían su comportamiento. ¡Esta experiencia le haría tanto bien...!

Aunque esta indicación es muy poco original, surtirá efecto en aquellas personas que la lleven a la práctica.

Hay tantos «remedios caseros» sencillos, como este mismo, que podrían cambiar la vida de una persona si ésta se comprometiera...

Por supuesto que existen métodos mucho más diferenciados que podrían ayudar a las personas que sufren. La eficacia de tales procesos no depende tanto del grado de diferenciación y de dificultad como de la profundidad de su deseo de convertirse en una persona «completa».

Permítanme que vuelva a repetir lo que ya he dicho. No me cabe ninguna duda de que muchas personas en mi país no necesitarían seguir ninguna terapia psicológica si realmente quisieran una única cosa.

¿Cuál sería?

Enfrentarse a sus *verdades* personales y extraer las consecuencias pertinentes. Y si de verdad quisieran llegar a experimentarlas, lo harían en un grado tan elevado que su vida cambiaría radicalmente.

V. El Romántico no adulto vive en un desequilibrio entre lo interior y lo exterior. A diferencia del Ganador, él está *dema-*

*siado* en su interior y excesivamente dedicado a su melancolía, y vive *demasiado poco* en el mundo real con sus talentos y tareas, libertades y responsabilidades. Él no está suficientemente integrado en la vida real.

Pero como posee muchos dones que podrían enriquecer a los demás, también sería provechoso para su vida tomar parte en la vida común. *Porque sólo quien convierte el mundo en su hogar, encontrará el hogar en este mundo.*

Y por supuesto sólo él puede decidir la manera como podría participar. El Romantico encontrará posibilidades de ayudar a los demás en cualquier barrio e incluso en el pueblo más apartado.

Usted podría objetar, si se siente aludido, que ya había hecho este tipo de intentos antes y que había fracasado cada vez, porque nadie se interesaba por su colaboración y que además muchas veces le hirieron.

¿Qué es lo que le importa?

¿Le importa en primer lugar la aceptación de los demás, o también la *tarea*?

Cuando aboga por algo que le importa, también se valora a *sí mismo*, y si consigue cambiar su sentido de los valores, entonces su sentido irradiará hacía *afuera* y esto cambiará sus relaciones.

**VI.** El mayor problema del Romántico que bloquea su propio desarrollo es la gran aversión a sí mismo que provoca siempre un gran desánimo. Sören Kierkegaard, siendo él mismo un Romántico, pregunta al respecto objetando en un tono muy brusco:

> «¿Tiene una persona derecho a desear su propia ruina? ¡No! ¿Y por qué no? Porque algo así se debe a su asco por la vida, y por lo tanto, debería disponer de los medios para comba-

tir tal sentimiento. ¿O es el hecho de querer ser más que un ser humano?»

SÖREN KIERKEGAARD,
citado por Romano Guardini en
*Vom Sinn der Schwermut,* Zurich, 1949, pág. 19.

La causa del odio a sí mismo es la gran idealización que tiene de su propia persona, una imagen condenada al fracaso. El origen de tal idealización reside en su *anhelo* de lo grande y extraordinario, que está en su interior ya desde niño y que tiene que ver con las pérdidas sufridas entonces.

Este anhelo, del que el Romántico no logra escapar, podría convertirse en un valor especial. Ya que, como dijo Guardini:

> «El anhelo del amor, del amor en todas sus formas y niveles; de la sensualidad más elemental hasta el sublime amor del espíritu»

ROMANO GUARDINI,
op. cit. pág. 46.

Por ello este anhelo, cuya madre es la melancolía, es lo más valioso que puede llevar en sí mismo una persona. Y precisamente esta valía puede permitirle ser aquello que quiere ser: un ser humano.

**VII.** El equilibrio es la característica más especial de la persona con la estructura del Romántico. Pero sólo está en equilibrio si supera sus tendencias autodestructivas. Por ello le recomendé a un Romántico realizar una «caminata» por el «lugar de la autoaceptación»:

Esta persona está andando dentro de una cueva (un símbolo de la entrada en el mundo interior) y encuentra caminos que se entrecruzan y se adentran cada vez más en su propia tierra desconocida. De repente se encuentra ante una puerta enorme de madera y tiene miedo de lo que pueda encontrar al otro lado. Después de un momento de vacilación, empuja el pestillo y se lleva un gran susto:

Ante sí hay una sala de torturas con innumerables herramientas. Observa cada una de ellas y siente terror.

Entonces dirige la mirada a una esquina de la sala. Allí descubre una portezuela que parece conducir a una sala mucho más profunda.

Se introduce en un sótano diminuto y ve a un hombre echado en el suelo de su misma edad y aspecto. El hombre está atado y apenas puede respirar. Una profunda tristeza y compasión se apodera de quien imagina. Al cabo de un rato consigue liberarlo y entonces intuye quién es esa persona.

Desata al «otro», lo lleva a la sala superior, hacia la luz. Allí lo abraza durante largo tiempo y experimenta una gran alegría al ver cómo vuelve a la vida.

El «otro» desaparece para unirse a él y formar así una sola persona. Se siente desbordado por una inmensa alegría.

La sala de torturas ha desaparecido para convertirse en una sala muy acogedora.

# 5
# El Observador

*El Observador necesita distanciarse de aquello que le parece demasiado vivo. Cuando alguien se acerca demasiado a él, destruye los lazos que le unen a los demás. Pero a veces, cuando siente que su soledad es lo bastante profunda, elige el camino que le conduce al jardín de la humanidad.*

## El lado positivo: el Observador adulto

El Observador adulto ha estudiado con detenimiento el camino a seguir y es probable que lo conozca ya de antemano.

Le gusta unirse a los que le acompañan en su caminata. Es cordial con ellos y le complace su presencia. Sin embargo, valora mucho estar solo de vez en cuando, sobre todo cuando el camino se pone interesante, cuando se le brinda la oportunidad de descubrir nuevas cosas. Entonces el Observador se toma cierto tiempo para observarlo todo detalladamente, lo cual le produce una gran satisfacción. Por ello, se alegra de vivir en este mundo.

Si surgen dificultades, mantiene la calma, reflexiona y alienta a los demás con sus conocimientos. Pero no será él quien les proporcione la ayuda que precisan.

Si al despedirse los demás empiezan a intercambiar direcciones, no será él el primero en ofrecer la suya.

¿Quién no anhela estar con la persona que nos permite ser tal y como somos? Nos hace tanto bien estar en su compañía...

El Observador adulto es este tipo de persona. Respeta el hecho diferencial de los demás. Le interesa aquello que desconoce y pregunta lo que no sabe. Para él es importante comprender al prójimo. Por ello no sorprende su capacidad de escuchar, una cualidad que muchas personas afirman tener; pero en realidad muy pocas la poseen. La persona que sabe escuchar ofrece tiempo y refugio a los demás durante su charla.

Conocerle no es precisamente una experiencia temperamental, aunque tampoco es aburrida. No es un encuentro emotivo, pero tampoco frío. El Observador es una persona más bien tranquila y educada.

Él deja claro a los demás que espera que ellos también sean educados. Muestra sus sentimientos, ya sean de tristeza o de alegría, sin sobrecargarles. Por ello, espera que los demás no le desborden con sus propios sentimientos. En ocasiones parece como si estuviera en el centro de un círculo invisible en el que nadie puede entrar sin su permiso.

Pero no sólo le interesan las personas, sino los hechos y las impresiones nuevas. Quiere conocer muchos aspectos de la vida, sus detalles, pero también sus contextos. Reflexiona mucho y su alcance de información es sorprendente, al igual que su profundo conocimiento sobre aquello que une al mundo en lo más profundo de su interior.

No solamente cuenta con su espíritu analítico y se fía de su lógica racional, sino que confía mucho más en la *Logique du coeur* (Blas Pascal), la «lógica del corazón», puesto que las razones de la vida conocen lo que la mente desconoce.

Pero no es una maquina que acumula información, víctima de la impaciencia (como lo haría el Reformador no adulto). Desde la distancia justa aprecia aquello que existe y sucede. Observa con atención y detenimiento y tiene un poder de concentración envidiable. Y cuando parece como si algo no le interesara, a menudo ocurre todo lo contrario.

La imparcialidad es una característica muy especial. Es la capacidad del ser humano de observar algo sin mezclar sus propios deseos o miedos ni emitir su juicio sobre terceros.

La imparcialidad está relacionada con la objetividad. Si de alguien podemos decir que una persona es objetiva es del Observador.

Tampoco se expresa de manera irreflexiva, sino que sólo después de observar durante suficiente tiempo a personas, cosas o contextos y haber llegado a un juicio relativamente fiable. Se cuida mucho de hacer declaraciones como si sus ideas fueran innegables o totalmente ciertas, ya que la vida le parece demasiado amplia para emitir tales afirmaciones.

El Observador adulto es un amigo excelente. No es agobiante ni tampoco se dedica a exigir cosas continuamente, pero está siempre presente cuando se trata de algo importante.

No se desconcierta fácilmente si un amigo suyo no satisface sus expectativas. Él opina que permitir el desarrollo de la otra persona también forma parte de la amistad. Por ello puede ser, como pocos, un amigo para toda la vida.

Dado que no se deja impresionar enseguida por las emociones, resulta el compañero perfecto para la persona que se dirija a él en tiempos de crisis. El Observador mantiene una visión general del problema en cuestión, ve la relatividad de las dificultades y sugiere encontrar una solución como persona bien informada. Dada su gran capacidad de comprensión, quien le pide consejo muy raramente tiene la sensación de que su problema sea algo embarazoso o una carga para los demás. En esas situaciones el Observador a veces sorprende al otro mostrándole cualidades que no se esperaban de él: su carácter poco convencional y su compasión profunda y abierta.

Si el Observador mismo tuviera que tomar una decisión difícil, se valdría de su capacidad de analizar el problema distanciándose del mismo. Y dada su paciencia, no tendería ni a decisiones repentinas, ni tampoco a rendirse si no alcanzase enseguida su objetivo.

Su gran rechazo a ser el centro de atención de un suceso se refleja en su modestia. Esta cualidad le hace libre frente a la lucha continua por ganarse la aprobación de los demás. Le brinda la oportunidad de seguir su propio camino. Como también posee el don de analizar la situación de manera objetiva, casi nunca hace proyecciones, ni se ve envuelto en arduos conflictos en sus relaciones con los demás.

## El lado negativo: el Observador estancado en su desarrollo

Él sigue su camino, protegiéndose del sol y de la lluvia a conciencia. Guarda todo lo que ve en su memoria: no sólo el camino, las plantas, sino también a las personas y las conversaciones.

Se mantiene alejado de los que le acompañan en el camino. Procura no llamar la atención y ellos no llegan a conocerle.

Y cuando comienzan a canturrear, el Observador se limita a mover los labios, como si cantara, aunque tal arrebato de sentimientos le resulte incómodo.

Si alguno de sus acompañantes se torciera el tobillo, querría ver la inflamación, pero no trataría de ayudar a esa persona, ni con consejos ni con hechos.

Si después de la caminata quisieran celebrar una fiesta para volver a reunirse, les resultaría difícil acordarse de él, aunque él los tendría siempre muy presentes.

Una mujer me contó este sueño, que representa en una imagen el problema del Observador no adulto:

Se encuentra en una sala cuyas paredes están hechas de vidrio transparente. Mira a través de ellas y descubre que al otro lado hay otra sala diferente. En ella hay una mesa grande, alrededor de la cual está reunida su familia, celebrando un gran banquete.

Los suyos no le ven, aunque ella sí puede verles. Pero no oye lo que dicen, ni puede deleitarse con el aroma de la comida.

No tiene ningún contacto con esa habitación. Se siente aislada de los demás y de lo que hacen. Un terrible vacío interior y la soledad se apoderan de ella.

El Observador estancado en su desarrollo se siente aislado en la vida y en especial con relación a las demás personas, algo que de hecho es cierto. Hay pocas cosas que le unen a ellos. Como el Romántico no adulto, aunque de modo diferente, está separado de los demás. Se siente protegido por aquello que siente y experimenta. Controla sus sentimientos y los aleja de sí mismo. No se abre a los demás ni tampoco se expresa. No queda claro lo que sucede dentro de él. Por ello a veces da la impresión de ser una persona engreída e incluso fría, como si fuera totalmente independiente de los demás.

Pero en realidad desearía no estar solo y poder gozar de la compañía de otros dentro de ciertos limites. Este es su gran dilema, y para los demás es difícil llegar a conocerle o acercarse a él.

Quien le observe durante una cena, se dará cuenta de que el Observador está pendiente de todo aquello que sucede, de cada una de las conversaciones y de la identidad de las personas allí reunidas. Él está implicado interiormente. En su interior suceden muchas cosas. Pero *él* es el único que no sale a la luz. No se comunica; es parco consigo mismo. Se dedica sobre todo a observar. Y como es natural, este tipo de comportamiento no provoca especial simpatía en quienes le rodean.

Si alguna vez alguien accede a su lado emocional, ya fuera por medio del afecto o de forma agresiva, él trataría de controlar todavía más sus sentimientos, porque le incomoda enormemente que los demás penetren en su alma. Sólo cuando se encuentre solo, permitirá que sus sentimientos se manifiesten dentro de unos límites y entonces tratará de ordenarlos y comprenderlos.

Desconfía de la persona que esté dispuesta a acercarse a él, ya que teme no poder controlarse lo suficiente. También tiene miedo de que los demás se aprovechen de él si llegara a mostrar su rostro interior.

Pero su mayor temor sería que sus propios sentimientos *llenos de fuerza*, como el amor o la agresión, le condujeran al lugar menos apropiado. Pero estos sentimientos no se acercan a él de manera consciente, sino a través de los sueños. Quien sepa en qué consisten sus sueños, empezará a comprender por qué el Observador estancado en su desarrollo se controla hasta límites tan extremos. Y quien averigüe algo sobre su infancia, comprenderá a la perfección, por qué se ha convertido en un simple *Observador* de la vida.

El miedo a ser «descubierto» le persigue desde su adolescencia. A menudo las relaciones familiares no le transmitían ningún sentimiento ni emoción y eran totalmente incorpóreas. Nunca aprendió lo que es la cercanía, la franqueza y el afecto de los demás. Nadie quiso compartir sus sentimientos y por ello a duras penas conseguía experimentarlos. Creció sin tener casi ningún tipo de contacto humano, tanto interior como exteriormente. Como la vida le trató así, él se encerraba en sí mismo y raramente permitía que los sentimientos le afectaran y se encerró en su *pensamiento*, porque éste le permitía controlarlos.

Este comportamiento tuvo consecuencias:

Potenció su razón, pero se olvidó de impulsar su mundo interior. El abismo entre pensamiento y sentimiento fue en aumento, y así no consiguió convertirse en una persona activa, ya que la mente y los sentimientos quedaron relativamente desunidos, pero la acción depende de la fuerza de empuje de los sentimientos. Por ello no siguió los dictados de su alma, sino que desarrolló el sentimiento del vacío, de la inseguridad y de la soledad.

Ser amable, abrirse a nuevos horizontes y comprometerse de manera pasional no son su fuerte. Esto le obligaría a atreverse, sufrir, amar, ofrecerse a los demás y renunciar a la seguridad que le ofrece aparentemente su marco de pensamiento.

Pero una persona que no se compromete con la vida, sólo consigue que ésta le deje de lado. No se realiza en su vida. Siente que no vale gran cosa. Tiene poco aprecio por los valores y se siente paralizado físicamente. Es pobre interiormente y está vacío. Y tiene miedo a muchas cosas.

Pero algún día empezará a intuir que la razón no siempre será suficientemente fuerte para soportar los sentimientos reprimidos de su deseo de vivir. Algún día sus anhelos escondidos encontrarán su hueco, a través del cual se abrirán paso a la vida.

## La resistencia al desarrollo

«Debo mantener las distancias.» Esta es la frase-clave y el valor-clave, que se basa en la tipología del Observador, y que le caracteriza, orienta y determina.

Debo distanciarme de mí mismo, de los demás, de la vida. Esto significa que sólo puedo vivir, si existe la distancia. Sólo me siento medianamente bien, si evito la cercanía.

Por lo tanto, es el miedo lo que causa la resistencia al desarrollo, el miedo a la fuerza de sus propios sentimientos y a la osadía de tomar parte en la vida. Quien conoce poco este miedo, tiende a mostrarse impaciente con el Observador.

No consigue comprender porqué el Observador rechaza la vida. Y la razón es que desconoce lo siguiente: cuanto más profundo es el miedo que domina a una persona, más impenetrable le parece éste. Cuanto más impenetrable le parece, más distorsionado considera el mundo y menor es su capacidad de reconocer y vivir aquello que él también podría vivir: una serena libertad consigo mismo, con los demás y con la vida en su conjunto.

Pero los espacios del ansia por vivir yacen a más profundidad que los del miedo...

## CAMINOS HACIA EL DESARROLLO DE LA PERSONALIDAD

**1.** El Observador estancado en su desarrollo conoce sus sentimientos, pero tiene muy poco contacto con ellos. Se parece a aquel hombre que fija su mirada en el sol y afirma haber sentido su fuerza. Por ello es importante que, ahora más que nunca, se familiarice con su mundo interior.

Los sueños, los amigos de la noche, podrían serle de gran ayuda en este camino, porque dejan al descubierto aquello que la razón ha escondido de forma crónica.

El Observador tiene miedo de los sentimientos que podrían transmitirle los sueños, pero también le atraen, porque proceden de un mundo que apenas conoce. Por ello, su sana curiosidad será un gran estímulo para poder superar el miedo y atreverse a observar sus sueños.

No hace falta ser un gran analista para comprender las siguientes imágenes que podría haber soñado:

— En la distancia aparece un castillo maravilloso. Siente un gran deseo de llegar hasta él. Pero entonces ve a un animal salvaje del que dicen impide que los recién llegados entren en el castillo. No se atreve a luchar con el animal. Y por ello permanece melancólico en la distancia. Le asombra la belleza de su lejano objetivo, y vuelve a su pueblo, pequeño y gris.
— Entonces aparece una persona muy bella que le está observando con cariño y espera que le abrace. Nunca antes había visto a una persona tan bella. Siente grandes deseos de abrazarla, pero no se atreve. Tiene demasiado miedo a perderse en la otra persona. Entonces la figura se aleja, adentrándose en una niebla luminosa. Se queda allí de pie y ve cómo empieza a crecer un muro a su alrededor.
— En sueños, ve a su padre, una persona que transmite frialdad. Parece mucho más alto que en la vida real. Entonces siente el impulso irrefrenable de decirle todo aquello que ha mantenido callado durante tanto tiempo, para lo cual nunca tuvo oportunidad: sus anhelos, su sufrimiento, sus deseos, todo aquello que esperaba y que nunca recibió. Mira a su padre a los ojos, abre la boca, pero se queda callado. Siente como la frialdad, que procede del padre, se va extendiendo hacia él. El padre se va y él se queda allí solo, rodeado de esa frialdad.

Quien observa sus propios sueños, observa una parte de sí mismo no disponible para la razón. Quien permite que sus imágenes interiores actúen en él, permite también que sus sentimientos sigan su curso.

Quien se encuentra con sus sentimientos en forma de imágenes, encuentra sus propias fuerzas interiores, tanto las positivas como las negativas o la vida que todavía no ha vivido.

Un primer modo de adentrarse en el análisis de los sueños sería empezar a escribir un diario de sueños. Al ir anotando los sueños (¡No, todos no!) durante cierto tiempo, esta persona se dará cuenta de cosas que anteriormente estaban difusas. Reconocerá a personas, casas, ciertos sucesos o situaciones que parecían haber quedado atrapadas en el olvido, pero que todavía impresionan a su alma con mucha más fuerza. Quien no destruya con el pensamiento estas imágenes, sino que permita que actúen en él, verá nacer un sentimiento que podría ser el estímulo para una vida cambiada (véase mi libro: *Sprache der Träume*).

**II.** Es evidente que el Observador sabe que es bastante pobre en cuanto a relaciones personales, pero no permite que los sentimientos relacionados con ello le afecten. Pero como no deja que estos sentimientos se aproximen a él y no es consciente de su separación con la vida, tampoco podrá acercarse lo suficiente a su problema principal: su vacío interior.

Hay algunas preguntas que podrían ayudarle a experimentar estos sentimientos con más profundidad. Pero como ya he dicho, estas preguntas sólo le ayudarán si permite que actúen en sus sentimientos.

Las preguntas son las siguientes:

— *¿Qué me resulta embarazoso?*
  ¿El abrazo de un amigo, la agresión repentina de un desconocido, las lágrimas desenfrenadas del compañero de trabajo, la rebosante alegría de una anfitriona?

¿Me causan tormento los sentimientos de *los demás* o el hecho de no estar preparado para estos sentimientos tan *llenos de vida*?

— *¿Qué me produce miedo?*

¿Es posible que sienta miedo de aquellos sentimientos que nunca había experimentado?
¿Del posible ímpetu de mi propia agresión?
¿De la posible fuerza de mis deseos de amor?
¿Del abismo de mi vacío interior?
¿Del frío sentimiento que causa el recuerdo de la muerte?

— *¿Cuáles son mis anhelos?*

¿La tranquilidad, la famosa isla en la que me encuentro solo?
¿Acaso no anhelo la calidez de otras personas, su actitud abierta hacia mí y hacia ellos mismos, su cercanía que no sólo puedo permitir sino también disfrutar?
¿No necesito la cercanía de los demás?

— *¿Qué desearía haber logrado al llegar la muerte?*

Al llegar la muerte desearía poder decir:
«¿he mantenido siempre una visión de conjunto?»
«¿he guardado siempre las distancias?»
«¿mis sentimientos, es decir, mi fuerza vital, tanto la clara como la oscura, no me han arrastrado nunca?»

**III.** El Observador piensa demasiado. La cabeza es su mundo y lo que allí sucede, no es asunto de nadie.

La persona que «vive» así y desea cambiar esta situación, necesita el máximo de experiencias relacionadas con la totalidad, aquellas que puedan implicar cuerpo, alma y espíritu en gran armonía. ¿Se sentirá atraído por las dos siguientes posibilidades tan atractivas?

Pienso en el *juego*. El juego es una anticipación ligera, es aumento y profundización en la vida y en sus formas concretas y variadas.

El juego es un cuento vivido y los cuentos son vivencias concretas con imágenes de la propia alma. El juego también es un encuentro doloroso, intenso y sensible con la realidad que se repite, cambia y se renueva con un nuevo juego.

Pienso en el *baile*. El baile es la expresión corporal, emocional y espiritual del ser humano. En el baile se expresa *completamente* y aprende a conocerse a sí mismo (y también a los demás). El baile, unido íntimamente con su propia música, también invita al bailarín a salir de sí mismo y le introduce en movimientos exteriores e interiores aun no vividos. Cuanto más a menudo el bailarín se experimente a sí mismo de este modo, más experimentará también en qué consiste su propio ser: una persona que piensa, siente y actúa.

IV. Quien se comunica poco, participa poco en aquello que hacen los demás. Quien participa poco en la vida de los demás, asume pocas responsabilidades. Quien asume pocas responsabilidades, experimenta poco su libertad, porque la libertad y la responsabilidad son hermanas de la vida. Quien vive con poca libertad y asume pocas responsabilidades, cumple pocos requisitos para poder encontrar el sentido, ya que ambas posibilidades humanas específicas, libertad y responsabilidad, son las condiciones básicas para experimentar el sentido. Quien experimenta poco sentido y tiene poca relación con la vida, vive también un gran vacío interior.

Una persona con la estructura del Observador puede aceptar estas ideas con cierto interés. Si es así, sería mejor que no las hubiera escrito. Pero también podría leerlas ahora una segunda vez y dejarse estimular por ellas...

Una vez más, como en el caso del Romántico, se trata de asumir una responsabilidad concreta en este mundo concreto.

Oigo cómo el Observador me dice una vez más ese «Sí, pero» que me resulta tan familiar.

No, no pretendo simplificar demasiado «la situación». Sé muy bien que la precaución y la inhibición dificultan su actuación. Pero le pido un poco de reflexión:

A nadie que desee salir de su propio Tipo le resultará fácil hacer aquello que podría liberarle y hacerle feliz. Nadie es únicamente su Tipo. Todo ser humano también es también *persona*, y por ello es espiritual. Es capaz de tomar sus propias decisiones, y por eso de realizar cambios y de experimentar el sentido. La cuestión es si también *desea* una vida espiritual.

Quien quiere actuar, necesita objetivos. Y los conseguirá con más facilidad si reflexiona y siente aquello que desea. (Esto es aplicable, por supuesto, a todos los demás Tipos) Necesita una visión llena de vida sobre lo que quiere hacer en un futuro. Esto es necesario, porque el espíritu humano se ve motivado a actuar si está orientado hacia objetivos y valores llenos de vida. El espíritu tiene un carácter intencional.

En otras palabras: toda idea tiende a hacerse realidad. Cuanto más viva la idea, antes lograré mis objetivos. Cuanto más plástica sea mi visión sobre aquello que imagino, antes se convertirán mis objetivos en *imanes* atrayéndome y alejándome de la situación que quizá ya hace tiempo me desagrada.

V. Ya le he hablado suficientemente sobre el punto esencial: el vacío es aquello que experimenta la persona que no ama lo suficiente.

Sé que a menudo se ha abusado de la palabra amor. Aunque es el sentimiento más grande, más liberador y más ansiado en la vida humana, no quisiera renunciar a llamarle por su nombre y buscar el acceso a él.

El amor es mucho más que un sentimiento agradable.
El amor es ante todo la benevolencia en la vida.
El amor es la actitud de la persona que dice sí a la vida.
El amor es la expresión del coraje de aceptar la vida tal y como es.
Quien ama, desea respetar todo lo que está vivo, incluso cuando parece no ser demasiado útil.
Quien ama, se opone a todo rechazo a la vida desatendida.
Quien ama no pierde la esperanza de poder organizar la vida con más cariño en el marco de las posibilidades, a pesar de la evidente división de la vida.
Quien ama, se siente responsable de las cosas pequeñas y grandes; siente también la libertad, de poder alcanzar ciertos objetivos, al menos en el ámbito que él puede abarcar.
Quien ama la vida, quiere implicarse en ella.
Quien ama la vida, no solamente piensa en sí mismo y no solamente siente su propio ser, y precisamente por esto se siente lleno de vida y de amor.

El Observador también cambiaría si profesara más amor que hasta el momento.

¿Pero el amor es algo que se puede aprender?

Sí, es posible.

¿Por qué?

Porque el amor es una posibilidad innata en todo ser humano. Pero, como en su esencia no es ningún instinto, igual que la libertad, no aparece por sí mismo. Debemos buscarlo, no fuera, sino dentro de nosotros.

Si el Observador se sintiera inducido a buscar el amor, se sorprendería al ver que su viejo miedo queda en un segundo plano a favor de los sentimientos llenos de fuerza.

El secreto de aprender a amar consiste en la *contemplación*. Quien contempla algo, no se dedica a grabarlo y a observarlo. No se mantiene en la distancia ni tampoco emite un diagnóstico. No se dedica a la morfología ni tampoco clava la mirada en la superficie. No se limita simplemente a la aceptación.

Quien contempla algo, se *relaciona* con aquello que ve. Lo admite, se encuentra con él y busca su *ser*. Y quien reconoce el ser de otra vida, ve su centro, su núcleo, su autenticidad y su valor. Y todo aquello que es digno de ser vivido, también es digno de ser amado. Y estas no son palabras de la razón, sino de la experiencia llena de vida.

VI. Usted, estimado lector, puede que diga «Sí, pero...» con escepticismo respecto al último párrafo. Es posible que usted tenga la estructura del Observador. Espero que me disculpe que en este punto no desee escucharle, ya que no hay nada que no pueda ser destruido por el pensamiento.

En cambio me gustaría preguntarle por sus anhelos, puesto que no hay ningún otro sentimiento que nos proporcione tanta información sobre aquello que desea el ser humano como sus anhelos.

¿Cuándo fue la última vez que tuvo el sentimiento de querer obtener más de la vida que lo disfrutado hasta la fecha?

No, no se pregunte ahora a qué nos referimos con esta pregunta.

Solamente le pregunto a usted concretamente la última vez que sintió *hambre* por la vida, y también qué clase de hambre era.

¿Sintió de dónde procedía?

¿Intuyó a dónde se dirigía?

¿Permitió que esta hambre le hablara de sus carencias?

Permítame que en lugar de continuar con nuestra charla, le cuente una pequeña historia que sucede en el mundo interior. Mi mayor deseo sería que le hiciera pensar en algo:

Érase una vez el escepticismo que tenía un día especialmente bueno. Estaba menos dudoso que en otros tiempos. Y precisamente ese día vio en la distancia esa tierra pequeña y brillante situada al sur del mundo interior (el escepticismo vive al este de esa tierra, conocida por su luz crepuscular).

El escepticismo se inclinó hacia delante, al no poder creer lo que veía con sus propios ojos. Nunca antes había visto una tierra de tal belleza.

Entonces se le ocurrió algo, que nunca antes se le había ocurrido: quería ir hacia esa tierra para observar su belleza de cerca y quizá... Pero no quería pensar en las consecuencias de aquello.

Desde hacía largo tiempo el corazón había observado el extraño comportamiento del escepticismo desde su casa y se puso en camino para averiguar más detalles (el corazón es conocido en el mundo interior, porque siempre está presente cuando una persona inicia un proceso de cambio).

–Parece que está de buen humor –le dijo el corazón–, ¿quizá sea porque te haya ocurrido algo especial?

El escepticismo, que no aprecia demasiado al corazón, le respondió evasivamente:

–Vi un espejismo muy bonito. Pero ya ha desaparecido.

El corazón no se dejó impresionar por esta evasiva y volvió a preguntarle:

–¿Dónde? ¿Dónde estaba?

De mala gana, el escepticismo señaló con su delgada mano derecha hacia un punto, donde todavía se podía ver esa tierra pequeña y brillante.

–¿Llamas espejismo a esta tierra fundamental? ¿Acaso no sabes que de ella proviene el calor que me llega a mí, a nosotros y a veces también a ti mismo?

Después de esta charla tan afectuosa, el escepticismo se vio atrapado nuevamente en su viejo papel:

–¿Cómo pretendes demostrarme que eso que sigue brillando es como tú dices?

Entonces el corazón supo que ese día ya no podría seguir hablando con el escepticismo. El corazón empezó a dirigirse solo hacia el sur. El escepticismo le siguió con la mirada y por ello no vio como el rostro del corazón empezaba a brillar con más fuerza.»

UWE BÖSCHEMEYER,
*Gespräche des Herzens,*
SKV-Edition, pág. 22 y sigs.

**VII.** Comprensión, sabiduría y objetividad son las cualidades especiales del hombre con la estructura del Observador. Pero no las consigue, si su pensamiento y sentimiento no se encuentran unidos en la máxima armonía.

Para ayudar a un hombre con esta estructura a alcanzar un cierto sentimiento para esta armonía, le sugerí que realizara una «caminata» hacia el «puente interior»:

Sentado una cesta se adentra en las profundidades de su tierra interior. Ve dos caminos ante sí y no sabe cuál debe elegir. Se queda parado y busca algún indicio que le pueda orientar, pero no encuentra ninguno. Le entra miedo y yo le pido que escuche sus sentimientos.

Elige el camino hacia la izquierda y llega a un viejo puente de piedra, bajo el cual fluye un río. Se da cuenta de que el agua de la izquierda es oscura (el lado de los sentimientos) y que la de la derecha es clara (el lado de la razón).

Quiere cruzar el puente y ve que hay una tapia en el centro. Entonces comprende que debe eliminar ese obstáculo, aunque teme no poder conseguirlo.

Le aconsejo que mire por encima de la tapia. Lo hace y ve un maravilloso jardín en flor, pero desde aquí sólo puede *verlo*.

Después de quitar piedra por piedra, consigue llegar a esta tierra llena de flores y se queda maravillado por la belleza de ese jardín que nunca antes había visto.

Ya de vuelta le sorprende que por el lecho del río sólo corre agua cristalina...

# 6
# El Leal

*El Leal a veces parece necesitar a las personas más que a sí mismo. Normalmente busca la compañía de aquellos que comparten su misma opinión. Pero cuando comienza a intuir que él es «más» que uno de ellos, se pone en pie y sigue su propio camino.*

## El lado positivo: el Leal adulto

Pocas veces le veremos solo durante la caminata: le resulta natural estar con los demás. Les transmite el sentimiento de ser una gran familia. Es una persona que gusta a todos y es fácil acceder a él. Todos tienen la impresión de que la caminata será una buena experiencia si él les acompaña.

Si alguien se hace daño en el pie y debe volver, es probable que el Leal sea quien le acompañe gustoso durante el camino de vuelta.

Si el grupo se volviera a reunir y a él le resultara imposible asistir, lo que es muy poco probable de imaginar, le echarían mucho de menos.

El Leal adulto es una persona fuerte a los ojos de los demás: es cariñoso, encantador, amable y simpático. Los que están a su lado, serán testigos de cómo una persona puede transmitir calor de hogar.

Él, como persona, ve a los demás. Y quien tiene esta capacidad, provoca en los demás el sentimiento más bello de todos: el de sentirse una persona digna. Pero no se centra en las dificultades de los demás, sino que les observa como miembros importantes de la comunidad, al igual que haría el Altruista. Y ellos se lo agradecen confiando en él. Y así, quien recibe la confianza de muchas personas, le resulta más fácil confiar en sí mismo.

Los demás necesitan al Leal para llevar una vida positiva y por ello él también les necesita. El Leal es una persona muy marcada por la comunidad.

El Leal adulto es una persona de confianza.Y la fiabilidad es para él un valor muy importante. Al ver que este valor es respetado en su familia, en sus amigos, en el grupo, en el equipo, en el trabajo, se siente más unido a la comunidad, no sólo temporalmente sino durante largo tiempo. Muchas personas valoran esta actitud y eso les lleva a ofrecerle protección y solidaridad también a él. Por ello, siente que pertenece a la vida en su aspecto más profundo, a diferencia del Romántico o del Observador.

¿Cómo es concretamente su vida en común?

Ante todo, es mucho sentido del deber. Muchos de sus contemporáneos asocian esta palabra a algo gris y aburrido, a alguien que no disfruta de la vida. Pero el sentido del deber que *vive* el Leal adulto es muy diferente:

El Leal apoya a las personas con las que se identifica. Su lealtad no es fácil de quebrantar. La lealtad es la capacidad de verse a sí mismo y a los demás, de tomarse en serio *lo común* al igual que los deseos de cada persona. La lealtad significa conservar la vida común, incluso cuando aparecen nubes negras en el horizonte.

Sólo una persona que sea consciente de sus propias responsabilidades logra esta actitud, lo cual significa que «responde» de hecho a las preguntas quc surgen en una situación concreta de la vida. No sólo habla, sino que también actúa.

El gran hermano de la lealtad y de la conciencia de la responsabilidad es el coraje. El coraje es la capacidad de superar el miedo mediante la fe en uno mismo. El coraje es la mirada unilateral consciente hacia las *posibilidades* en la jungla de las dificultades. La persona que tiene coraje no espera que los demás sean los primeros en comprometerse por el bienestar común en situaciones difíciles. No se avergüenza de dar un paso adelante y no lo hace por un afán de protagonismo, sino porque cree necesario actuar en esa situación. Da todo de sí sin esperar un aplauso, ya que no espera el reconocimiento de los demás. Actúa simplemente porque alguien debe hacerlo.

El Leal no solamente intercede por los demás, sino que también está dispuesto a sacrificarse cuando es necesario, por ejemplo al ver que alguien se ve privado de sus derechos. Pero para él es importante ante todo sentirse unido a los demás en sus acciones.

El Leal, al igual que el Ganador, consigue apasionar a los demás por algo de lo cual está totalmente convencido o ilusionado; a menudo lo consigue gracias a su amplia creatividad. Como los demás saben que pueden confiar en él, no sólo se hacen eco de la emoción del momento, sino que él consigue con maña que muestren su coraje.

Lo que también atrae a los demás es su sentido del humor tan particular y burlesco a la vez; es travieso como un niño, pero, quizá precisamente por ello, puede experimentar los sentimientos más profundos.

Como todo ser humano, tampoco el Leal pierde nunca el miedo. Pero en cambio tendrá una relación especial con él, porque está más acostumbrado que otros a vivir con él.

¿Y cómo lo consigue?

*También* aprende a valorar la parte positiva del miedo, una parte que le advierte, le despierta y le llama la atención sobre las cosas; le pone en tensión cuando es necesario. Muchas de sus mejores habilidades provienen del miedo que le impulsa. Al fin y al cabo esta parte positiva del miedo es lo que le desafía a esforzarse al máximo, cuando este esfuerzo mantiene su vida.

¿Qué impresión le produce la apariencia de este Leal, estimado lector?

La experiencia muestra que muchas personas se identifican con este Tipo muy a regañadientes, a pesar de todas las posibilidades positivas que entraña.

Y la razón de tal rechazo reside sin duda en el hecho de que los valores característicos del Leal, como la conciencia de la responsabilidad, la fidelidad y la fiabilidad ya no resultan atractivos en nuestra época. ¿Pero qué tipo de actitud vital es responsable de la pérdida de estos valores?

No hay duda de que todo aquel que empiece a comprender que el espíritu de solidaridad vivido sea un valor imprescindible y valioso para las relaciones humanas, se sentirá atraído precisamente por el Leal adulto.

## El lado negativo: el Leal estancado en su desarrollo

Ya antes de iniciar la caminata, busca la persona de mayor autoridad, se une a ella y hace lo que le dice, al menos al principio. Pero si esta persona tuviera la desfachatez de llevar al grupo en la dirección equivocada, el Leal le rechazaría interiormente, aunque no le mostraría su descontento abiertamente. Antes dejaría que aquél se metiese en el peligro. Si la persona de autoridad le pidiese explicaciones al Leal por eso, es posible que ponga en su contra a todos los demás frente a esta persona y prosiga la caminata con ellos. Pero también es posible que el Leal se muestre de nuevo sumiso ante la persona fuerte.

No hay duda de que el Leal haría responsable a todos los demás si fracasase la caminata.

El miedo es el sentimiento que provoca más sufrimiento en el Leal no adulto y en su propia alma. Pero la verdad es que por lo general no es consciente del alcance de ese miedo.

El miedo tiene muchas caras. El miedo puede ser *defensivo*, en forma de precaución, vacilación, inseguridad o indecisión. Pero también puede ser ofensivo y esconderse tras la máscara de la *agresividad*. Entonces esta persona se muestra dispuesta al ataque, únicamente para prevenir al máximo ese peligro que le amenaza.

El Leal ve peligro por todas partes: se ve amenazado. La vida es peligrosa, especialmente para él.

Parece como si no hubiera suelo bajo sus pies y no tuviera ninguna oportunidad para influir directamente en aquello que le sucede. El Leal parece depender totalmente del trato que recibe de los *demás* y de la *vida*. No parece una persona.

¿A quién le sorprende que una persona así sienta miedo a tomar decisiones y a asumir la responsabilidad de su propia vida? Como consecuencia, el Leal atemorizado se refugia en una persona supuestamente más fuerte y confía sólo en ella. Pero no lo hace de inmediato, porque su desconfianza respecto al prójimo le exige ponerle a prueba. Cuando siente que puede confiar, comienza a identificarse con él: piensa, siente, actúa y vive como él. Le es fiel. Y así podría seguir viviendo hasta el final de sus días si esa persona a la cual venera cumpliese las promesas que le ha hecho.

Pero la vida del Leal cambia cuando esta persona comienza a mostrarse débil y ambivalente. Entonces el Leal empezará a comportarse también de manera ambivalente hacia la otra persona. Empezará a rechazarla, no de forma abierta y directa, pero con agresividad y de maneras muy diversas. Se rebela por una única razón: por temor a *perder* esa seguridad que tanto le ha costado conseguir. Pero si esa persona, que él antes veneraba, empieza a rechazarle, puede que se muestre abiertamente agresivo de muchas maneras, algunas un tanto desagradables.

Si un día se ve amenazado por el miedo de haber ido demasiado lejos en su rebelión, entonces volvería a empequeñecer frente al fuerte, le seguiría otra vez y le sería fiel y se abandonaría de nuevo por miedo a las reacciones del otro, por miedo a exponerse ante él completamente. Las consecuencias serían las siguientes:

Se desprecia a sí mismo y se siente más inferior que nunca. Parece necesitar urgentemente de nuevo a alguien en quien apoyarse y con quien identificarse.

A menudo busca el hogar dentro de un grupo o una colectividad grande para identificarse con ella. Si este grupo es víctima de un ataque exterior, se mostrará parcial y se interesará muy poco por la causa del problema. Para él sólo importa una cosa: luchar con los demás en solidaridad, cueste lo que cueste, aunque ello conlleve el fracaso. A él sólo le importa ser uno de ellos y permanecer en el grupo.

Esta gran ansia del Leal de identificarse no se refiere a las personas. Puede implicar a todo aquello que le garantice cierta seguridad. Puede ser la tradición, las leyes o cierta ideología. Su dilema es evidente: no busca la certidumbre en sí mismo, sino en el exterior, en el mundo.

Y por ello, huye del miedo y de sí mismo.

Apenas sabe quién es. Y este desconocimiento lo lleva a tener una opinión muy baja de sí mismo.

Está muy poco familiarizado con su persona, por eso tiene poca confianza en sí mismo.

Apenas conoce su propia fuerza y por ello exagera el valor de los demás y depende de ellos.

Se muestra inferior y por ello pone a los demás sobre un pedestal.

Convierte a los demás y otras cosas en la base de su vida y esta es la razón por la cual se ve desbordado por la invasión del miedo en su vacío interior.

La persona que tiene demasiado miedo, se siente atacada fácilmente y tiende a convertir a los demás en cabezas de turco; es decir, proyecta en los demás los conflictos que todavía no ha solucionado. Puesto que ya he descrito las consecuencias de la proyección en el punto número seis de mi *Defensa del ser humano*, me limitaré a señalar lo siguiente:

La persona que siempre culpa a los demás de sus propios problemas reprimidos, y sobre todo de su miedo y sus consecuencias internas, ve a los demás forzosamente como un problema y desconfía de ellos. Debe ser consciente de que a ellos no les complace tratarle con libertad y cariño, porque él les ve tal como se siente él mismo.

> «Las proyecciones convierten el entorno en el propio rostro, que es a la vez algo desconocido».
>
> C.G. Jung,
> *Gesammelte Werke*, 9/II, Olten 1971, pág. 18.

A los demás les gustaría compartir muchas cosas con él en confianza, pero lo que encuentran es su rechazo, y él se pierde así continuamente unas horas preciosas. Así ve las cosas muy desfiguradas, porque lo hace a través de los ojos del miedo.

La persona que proyecta con demasiada fuerza, no está en armonía consigo mismo ni con los demás. Su percepción oscila de sí mismo hasta los demás y viceversa, y por ello sufre una carencia permanente de atención.

También pasa por alto algunos valores en la vida que le podrían dar una nueva experimentación del sentido. Hay bastantes cosas nuevas que no se atreve a conocer simplemente por le dan miedo.

¿Cómo es posible que una persona sea así?

Supongo, estimado lector, que usted mismo podrá imaginar la respuesta:

Si nos cuentan historias de su infancia, oiremos hablar de sus padres como figuras autoritarias que, a ojos de sus hijos, incumplían a menudo sus promesas. Nos hablarán de un padre en el que no se podía confiar; de una madre que castigaba y humillaba tanto a su hijo que éste acababa en una actitud de ¡ojo! y ¡cuidado! Por ello el niño en el curso de los años se sentía cada vez más desvalido y se fijaba sobre todo en los peligros de la vida, sin prestar atención al tesoro de su pequeña alma.

El niño empezaba a desconfiar de esas figuras autoritarias y a acercarse a otras que parecían tener otro comportamiento. En ocasiones mostraba resistencia pues no le quedaba ninguna otra salida más que la rebelión. Pero también fue testigo de los pocos cambios que provocaba tal rebelión.

¿Acaso es posible que una persona con este desarrollo pueda evolucionar?

Esta pregunta me hace pensar en el sueño de un hombre atemorizado que tenía muchas esperanzas: pero su vida entró en el círculo de la decepción y casi no se atrevía a creer en un cambio en su vida:

Se encuentra en una casa oscura. Está desorientado y no sabe hacia donde dirigirse.

Entonces ve una luz, se acerca a ella y ve un gran espejo. Se acerca hacia él con malestar y ve un gran círculo con tres partes.

Siente mucha curiosidad, observa todas las partes y siente que cada una de ellas refleja su propia vida: en la primera sólo ve cristal, que no es más que su vida no vivida. En la segunda ve aquello que percibe a diario en el espejo (a una persona que sigue esperando su gran «éxito» interior). Pero en la tercera ve una imagen que nunca hubiera imaginado: una imagen llena de fuerza y belleza, con un perfil claro y mucha expresividad personal.

El hombre comprendió que este sueño significaba mucho más que un capricho de su alma maltratada.

## La resistencia al desarrollo

«*Debo* cumplir con mi deber.» Este valor-clave fundamenta la resistencia interior del Leal estancado en su desarrollo. Su vida se basa en cumplir con su deber y no en sus inclinaciones personales. Le interesa mucho adaptarse a la situación, pero no lo que muestran sus propios deseos. Carece del sentimiento del permiso interno para poder recorrer su propio camino. Por eso le importa más ser leal a la comunidad que a sí mismo.

Una vez más podemos aplicar lo que le he dicho sobre el Altruista y el Ganador: esta actitud es muy valorada en la comunidad siempre que la vivan los *demás*. También aporta resultados positivos: el Leal evita los conflictos, los demás le aceptan gracias a la lealtad que les demuestra y parece haberse librado de la tarea de reflexionar sobre sí mismo. Todo aquel que haya iniciado este camino sabe lo difícil y agotadora que resulta esta vida, sobre todo cuando continuamente le atacan por su propio egoísmo. (¡Cuántas veces se abusa de esta palabra!).

Nuevamente aparece el miedo que alimenta la resistencia al desarrollo.

¿Miedo a qué?

A que nos vuelvan a castigar y abandonar por el comportamiento inadaptado como sucedió en nuestra infancia. De ahí el miedo a llevar la vida propia.

## Caminos hacia el desarrollo de la personalidad

**I.** Muchas personas no saben con seguridad cuál es el problema que afecta a su vida. Esto también sucede con el Leal.

Aunque son conscientes de su miedo, no saben que éste es el director secreto de toda su vida. Y mucho menos intuyen la diversidad de sus propias fuerzas; unas fuerzas que serían capaces de pararle los pies a este director sin gran dificultad. El Leal que quiere cambiar necesita ante todo un autoconocimiento más profundo.

Las siguientes preguntas podrían acercarle más a sí mismo y a su miedo. Como este fenómeno abarca muchas facetas, (no hay ninguna otra palabra que tenga tantos sinónimos diferentes como ésta), intentaré centrarme en un aspecto especialmente importante:

— Si pudiera hacer aquello que tanto *desea*, ¿qué *haría*? Reflexione un poco sobre esta pregunta...

¿Piensa en dos o tres cosas determinadas?
¿Qué le ha impedido durante tanto tiempo convertirlas en realidad?
¿Se debió a la falta de tiempo?
¿Quizá el miedo de no ser capaz de conseguir «algo así»?
¿Temía poder actuar de forma egoísta?
¿Había otras razones?
¿O puede que temiera el juicio de los demás y por eso no hizo aquello que tanto había deseado? ¿Es posible que este aspecto le influyera más que cualquier otro?

El miedo al juicio de los demás es un azote cuyos efectos sobre la vida humana subestimamos. El miedo impulsa especialmente al Leal a ir allí donde su alma no quiere.

¿Y por qué?

Por un motivo irracional:

Teme perder el cariño de los demás si dice lo que él piensa y hace lo que considera correcto. Teme que la pérdida de este cariño le arrebate también esa seguridad que tanto ansía: la seguridad de que los demás le acepten. Le asusta especialmente su *propia* resistencia interior contra su tendencia a adaptarse, por medio de sus *propios* deseos y por ello los pasa por alto de manera crónica.

¡Está tan equivocado pensando así...! Esta equivocación se produce porque no comprende el hecho de que la seguridad que él experimenta es consecuencia directa de la *dependencia*. Sólo se siente seguro en la convivencia con los demás cuando se adapta a los deseos de estos. El miedo a que le juzguen expresa con claridad que depende de la buena voluntad de estas personas.

El Leal no adulto desconoce otro aspecto, más decisivo: el hecho de que una persona que presta demasiada atención al juicio de los demás, no encuentra su *propio* camino.

Me gustaría explicarle en diferentes facetas lo que significa recorrer este camino. Creo que podría beneficiarse de la siguiente lista si se detuviera para reflexionar sobre cada uno de los puntos y dejara fluir sus propias imágenes y sentimientos:

Si sigue su propio camino...
... no sigue el camino de los demás.
... no sigue deseos ni ideas ajenas.
... escucha su propia voz interior.
... experimenta aquello que su alma tanto ha ansiado.
... se atreve a decir aquello que piensa.
... se atreve a hacer aquello que dice.
... elude menos.
... tiene más aguante.
... se apoya más a usted mismo.
... soluciona sus conflictos interiores.
... no culpa tanto a los demás por sus propios conflictos.
... gana la estimación de los demás.
... gana la estimación de su propio espíritu.
... decide usted la mayoría de las cosas.
... confía más en usted mismo.
... confía más en los demás.
... pierde muchos de sus miedos.
... gana mucha libertad.
... el encuentro con los demás tiene lugar en *libertad.*
... recorre su *propio* camino dirigiéndose a su *propio* objetivo.

¿No le parece que estas afirmaciones resultan muy tentadoras para alguien con la estructura del Leal? ¿*Siente* los deseos que surgen al leer estas líneas? ¿Puede imaginarse el gran cambio de rumbo que tomaría su vida si siguiera su *propio* camino?

Si empieza a intuir lo que significa no depender del juicio de otros y seguir su propio camino, puede que desee realizar un ejercicio que podría conducirle hacia su propia vida *real*. Es el siguiente:

1. Cierro los ojos.
2. Dejo que los pensamientos fluyan a través de mí.
3. Dejo que esta frase aparezca ante mis ojos:
4. «Me libero del juicio de otros.»
5. Dejo que esta frase actúe en mí.
6. Veo cada una de sus palabras.
7. Aparece una imagen (por ejemplo, una casa a la que me han invitado).
8. Me adentro en ella:
9. ¿Qué dicen mis sentimientos?
10. ¿Qué dice mi voz interior?
11. Dejo que mis sentimientos actúen en mí.
12. Dejo que mi voz interior se exprese.
13. Siento *mis* deseos, *mi* libertad, *mi* responsabilidad, *mi* derecho, *mi* dignidad. Cada vez más tengo la sensación de que debo y puedo tomar una decisión conforme conmigo mismo.

**II.** Uno de los mejores remedios para aprender a tratar el miedo y sus efectos tan temidos consiste en buscar el máximo número posible de *situaciones para poder superar este miedo*. Esto se puede aplicar a las relaciones humanas y a la vida en general.

Si se atreve a acercarse a aquello que le produce miedo, verá que la *idea* que se había hecho de alguien o de algo no coincide con la *experiencia* que usted tendrá al adentrarse en el nivel del miedo.

La veracidad de esta frase se confirmará por las imaginaciones de una forma increíble. Si, por ejemplo, en vez de alejarse de sus propios gigantes, se acerca a ellos, se dará cuenta de que empiezan a empequeñecerse. Si en vez de huir de su león enfurecido, se acercará a él, conseguirá que se convierta en su más fiel compañero. Quien no se aleja de la oscuridad de los espacios interiores, consigue llegar a la sala de fiestas iluminada.

Todo paso hacia delante, por ejemplo, acercarse a una persona aparentemente superior, entrar en un grupo de gente aparentemente muy inteligente, entrar en un edificio de la administración, será desagradable al principio, pero raras veces catastrófico. Por ello esta experiencia podría alentarle a dar el siguiente paso. Si decide hacerlo repetidamente, descubrirá que la *ansiedad de anticipación* es uno de sus adversarios más peligrosos; de hecho es un prestidigitador muy creativo:

Le muestra algo que es diferente en *realidad*. Le llena de ideas que difieren de la realidad. Si esta ansiedad se acerca a usted, conseguirá engañar y confundir a sus sentidos; limitará su perspectiva y alterará su percepción. Le muestra pruebas que son aparentemente claras, y hace retroceder su confianza.

Pero cuanto más claramente observe a este prestidigitador, antes estará dispuesto a atravesar su fría niebla para hacer aquello que usted desea.

Pero sólo *comprendiendo* esto no superará el miedo. La ayuda más radical la recibirá cuando experimente repetidamente que la ansiedad de anticipación y la realidad concreta casi siempre son dos cosas distintas. Los cambios en la vida se producirán sobre todo mediante cambios de ésta y no por los cambios del conocimiento que preceden la experiencia.

Si su ansiedad de anticipación disminuye, disminuirá también su percepción distorsionada, se sentirá menos amenazado y podrá enfrentarse más fácilmente a las situaciones que antes temía. Si se da cuenta de que ahora puede enfrentarse a aquello que había evitado anteriormente, comenzará a sentir *su propio ser* con más intensidad que antes. Y así, se fijará menos en lo que hay en el exterior y lo que podría atemorizarle. Reflexionará más sobre lo que se encuentra en el *interior*: en su coraje, su libertad, en la confianza en sí mismo.

Al empezar a poner en práctica esta ayuda tan efectiva, no debería ser ni demasiado estricto ni demasiado permisivo consigo mismo. No trate de solucionar enseguida los problemas más importantes; empiece por aquellos que crea que pueda superar. Pero no se desanime si ese miedo intenta perturbar sus esfuerzos, pues el miedo (aún) conoce muy bien la manera de acercarse a usted.

**III.** El resultado de sus proyecciones, a las cuales él tiende en particular, forma una larga cadena de problemas que sufre el Leal.

La persona que proyecta, proyecta también su estado de ánimo en los demás, tanto positiva como negativamente. El ejemplo más divertido y conocido sobre la proyección negativa fue descrito por P. Watzlawick. Si ya lo conoce, deléitese una vez más con él y reflexione:

> «Un hombre quiere colgar un cuadro. Tiene el clavo, pero no el martillo. Su vecino tiene uno y por eso nuestro hombre decide pedírselo prestado. Pero entonces le aborda la duda: ¿y si mi vecino no quiere prestarme el martillo? Ayer me saludó de una manera tan superficial... Quizá tenía prisa. Pero quizá la prisa simplemente fue un pretexto y él tiene algo contra mí. ¿Y qué será? Yo no le he hecho nada. Serán imaginaciones suyas. Si alguien me pidiera prestada una herramienta, yo lo haría sin pensármelo dos veces. ¿Y él por qué no? ¿Cómo se puede negar a hacerle al prójimo un favor tan simple? Personas como este tío le amargan a uno la vida. Seguro que piensa que dependo de él, sólo porque tiene un martillo. Hasta aquí hemos llegado.

> Y así sale corriendo, llama a la puerta del vecino y le dice a gritos, antes de darle los buenos días: "¡Puede quedarse su martillo, maleducado!"»
>
> P. WATZLAWICK,
> *Anleitung zum Unglücklichsein*,
> Munich 1983, pág. 37 y sigs.

Nadie proyecta conscientemente y por eso quien lo hace no sabe por qué fastidia tanto a los demás con este comportamiento.

¿Cómo se puede aprender a acabar con este nefasto juego de maniobras?

La respuesta general es la siguiente: cuanto mejor conozcamos nuestras sombras interiores, cuanto más aceptemos *ante nosotros mismos* lo que tampoco nos gusta de los demás, menos sentiremos el impulso interior de reprocharles aquello que nosotros mismos no superamos.

Probablemente no habrá ninguna noche en la cual nuestra alma no nos muestre nuestros conflictos interiores, cuya problemática es asunto de nuestra propia incumbencia. Pero la cuestión no es si podemos interpretar *correctamente* nuestros sueños, la cuestión es si realmente *queremos* conocer nuestras sombras.

Existen preguntas probadas que podrían ayudarnos a aclarar muchas partes de nuestra sala interior oscura. Pero antes de analizarlas, le repito que al principio puede que esta tarea no resulte muy agradable.

— *¿Qué es lo que me cuesta tanto admitir?*

¿Sobre qué tema prefiero no hablar con nadie, ni tampoco conmigo *mismo*?

— *¿De qué tengo miedo?*

¿Es posible que tenga miedo de alguien que no me gusta? ¿Es posible, entonces, que este miedo *no* provenga *del otro* y que por lo tanto *no* sea *él* quien provoque el miedo en mí?

— *¿Con quién soy agresivo?*

¿Soy agresivo con *la persona* de la que tengo miedo?

¿Es posible, entonces, que la agresión no provenga de *los demás* y que *no* sean *ellos* quienes me hacen agresivo?

— *¿Quién provoca en mí sentimientos de culpa?*

¿Los provoca el *otro*?

¿Es posible, entonces, que *yo* me sienta culpable por no poder defenderme de los deseos de los demás?

**IV.** El «poder de la obstinación del espíritu», esa palabra tan antigua que el gran psicólogo vienés, Viktor E. Frankl, descubrió hace unas cuantas décadas, no ha perdido ni un ápice de su actualidad en cuanto a contenido. Se refiere a la capacidad fundamental de todo ser humano de distanciarse de las emociones atormentadoras y de volver a sentimientos *liberadores*, incluso cuando se desconoce la procedencia de esas influencias perturbadoras.

EL «poder de la obstinación del espíritu» es la fuerza espiritual concentrada y llena de energía que capacita a una persona no sólo para poder dejarse llevar, sino también para poder permanecer firme al mismo tiempo. Es su *rebelión* contra una vida que no es digna de él. Esta fuerza consigue que esta persona experimente que puede ser más «grande» que aquello que amenaza con hacerle insignificante.

¿Cómo se puede experimentar esta fuerza? La manera más rápida es a través de las emociones conmovedoras.

El Leal estancado en su desarrollo tiene miedo de tomar sus propias decisiones y de asumir su propia responsabilidad. Demasiado a menudo delega en los *demás* estas dos tareas *primarias* del ser humano, cuya sola realización le lleva a experimentar el sentido de forma personal.

¿Acaso sospecha las consecuencias de su comportamiento?

¿Acaso intuye lo mucho que estas maniobras hieren a su propia alma?

Al principio quizá no, porque si sospechase e intuyese claramente que se vuelve a herir a sí mismo constantemente, se rebelaría contra su actitud impersonal frente a la vida y contra el tipo de vida que lleva.

Pero puede que algún día una gran sacudida física o espiritual le obligue a reflexionar sobre la vida que ha llevado hasta ahora. Este tipo de oportunidades las tendremos todos. Entonces todo depende de que admita las intuiciones y los sentimientos que le acusan de haber llevado una vida de distanciamiento de sí mismo. Depende de que los contemple, se relacione con ellos y no deje a un lado el dolor que siente al ser consciente de lo mucho que se ha olvidado a sí mismo.

Si tolera este dolor lo suficiente, se llenarán los espacios interiores del «poder de la obstinación del espíritu» y esto repercutirá en toda su personalidad: de una manera fuerte, sensata y muy original.

V. Coraje y confianza: estas son las posibilidades particulares que poseen las personas con la estructura del Leal.

Una mujer joven, víctima desde su infancia de la severidad y veleidad de su padre, camina a través de una imaginación hacia el «lugar del coraje»: baja una escalera de piedra y llega a una bóveda subterránea. Al poco tiempo el camino se vuelve resbaladizo y oscuro y entonces siente miedo. Siente que debe decidir si quiere volver atrás o adentrarse más en el miedo para buscar el coraje. Decide hacer esto último.

Al cabo de un rato ve una roca inmensa (símbolo de su estabilidad), y cree haber llegado a la meta de su caminata. Llena de alegría, abraza la roca y siente cómo –de momento– una gran fuerza empieza a fluir hacia su interior. Pero entonces se asusta al ver que la roca se va encogiendo hasta desaparecer. Parece como si su coraje también hubiese desaparecido.

Siente dolor en el vientre y una enorme ira se apodera de ella.

Le sugiero que observe su vientre. Entonces ve un fuego ardiente (en este contexto simboliza su agresión). Se acerca, observa el centro del fuego y se encuentra en el gran jardín de sus padres.

Allí está su padre, gigantesco. Y ante él, hay una niña diminuta que parece estar a punto de recibir un castigo. Al observarla más detenidamente, se da cuenta de que esa niña es ella misma.

La joven, paralizada por el miedo, permanece de pie. Le pregunto si no le gustaría cuidar a la pequeña. Titubea y decide proseguir su camino; pero entonces se queda parada.

Le pido que observe a la niña más de cerca. Entonces se da cuenta de que no hay nadie para proteger a ese pequeño ser. Otra vez vuelve a sentir un ataque de ira.

Se acerca a grandes pasos, se coloca delante de ella, con actitud protectora, y empieza a atacar al padre con duras palabras. El padre va disminuyendo de tamaño.

Da un paso más hacia él y se sorprende al ver que ya no es más alto que ella y que ya no le resulta tan amenazador.

Todo lo contrario: parece desamparado. Por eso, ya no le teme como antes. Por un momento siente compasión.

Un «nuevo» sentimiento se apodera de ella y la reconforta. Sale del jardín, con la niña de la mano, y el jardín empieza a florecer.

# 7
# El Optimista

*El Optimista busca el placer, la alegría, la fortuna y a menudo lo encuentra. Cuando parece que las tierras bajas de su existencia no le proporcionan suficientes motivos para ser feliz, decide buscarlos en las nubes. Pero cuando empieza a comprender que la oscuridad también es vida, empieza a amarla en su totalidad.*

## El lado positivo: el Optimista adulto

Al llegar al punto de encuentro, se le reconoce fácilmente por su ropa de colores vivos. No cuestiona el camino que los demás han decidido; piensa que tendrán buenas razones para ello.

Todo lo que encuentra en el camino le apasiona. El buen humor del grupo (al cual contribuye de manera decisiva), las flores en las pendientes, el vuelo del águila ratonera, la alegría le contagia de tal manera que no puede por menos de caminar, cantar y gritar de alegría con los brazos abiertos.

Si una fuerte tormenta asustara a los demás, a él le entusiasmaría, pues, además de la diversión que puede experimentar en esta caminata, sería testigo de ese gran espectáculo de fuegos artificiales. Y no pensaría que tal acontecimiento celestial les deparara algún peligro.

Si por la noche, los demás se muestran cansados y prefieren irse a dormir, insistirá al máximo para que por lo menos bailen una última canción.

Cuando el Optimista entra en escena, aparece la alegría. Es una persona que ama a la vida. Es ese tipo de persona que contagia sus ganas de vivir. Tendríamos que ser bastante cohibidos para que su carisma no influyera en nosotros. Y si alguien consiguiera ser inmune a su buen humor, el Optimista le sonreirá y destruirá esa barrera usando sus encantos.

Parece como si sus días giraran alrededor de una única tarea: recoger los abundantes y variados frutos del árbol de la vida que sin duda han crecido para él y para todos los demás.

Su actitud frente a la vida es abierta y por ello apenas vive en el pasado. El *presente* es el «lugar» en el cual sucede la vida. Es el «lugar» de los estímulos multicolores hacia los cuales se siente agradablemente atraído. Ahí busca los motivos de su alegría. Lo que tiene valor es vivir aquí y ahora. Siente con fuerza que la vida en este momento esconde en sí un valor macizo.

Quien tenga una actitud abierta ante la vida como él, encontrará siempre nuevas razones para sorprenderse y compartir este sentimiento con los demás.

Poder sorprenderse, esta es la encantadora capacidad de una persona de ver el aspecto inconfundible de las cosas de la vida detrás de lo aparentemente evidente y de percibir sus valores.

Los niños se sorprenden, y cuando lo hacen se quedan boquiabiertos. Están muy relajados y concentrados en su entusiasmo, y al mismo tiempo son totalmente ellos mismos.

El Optimista adulto conserva muchos aspectos de su niñez. Por ello atrae tanto a los niños. Se sorprende, juega con ellos y gracias a la fantasía que proviene de su actitud abierta al mundo, busca siempre nuevas posibilidades para optimizar las cosas buenas que le da la vida.

Gracias a su imaginación y creatividad, es muy apreciado como compañero de trabajo en los proyectos, por cuales tanto llega a entusiasmarse.

Sabe unir personas, ideas, opiniones y principios. Puede alentar a los demás, a pesar de que el proyecto que lleven entre manos no satisfaga todavía las expectativas del grupo. Entonces reflexiona, de manera realista, pero alegre, y empieza a pensar en sus próximas ideas. Le gusta experimentar, se compromete, tiene curiosidad y sabe que, de una u otra manera, el proyecto acabará bien. A veces a los demás les sorprende que una persona tan vivaracha pueda sacrificarse para un asunto importante. Pero si el proyecto adquiriera cierto carácter aventurero, él se sentiría como pez en el agua, al darse cuenta nuevamente que la vida es un acontecimiento de lo más fascinante.

Pero para él la vida es mucho más que eso. Es, ante todo, un regalo que sabe apreciar como nadie y sobre el cual reflexiona muy a menudo, aunque los malhumorados buscadores del sentido no lo admitan. «Nunca olviden que la vida es algo magnífico.» El Optimista adulto puede que sea la persona que se tome más a pecho esta frase de Rilke. Pero al mismo tiempo le importa que los demás experimenten también la magnificencia de la vida.

## El lado negativo: el Optimista estancado en su desarrollo

Aparece ante el grupo ataviado con ropas de vivos colores, con banderín y trompeta en mano. Pero el camino pronto le resulta aburrido. Por ello sugiere que todos se aparten de la ruta prevista para escalar la montaña cubierta de nieve que tienen a su derecha (claro está, con zapatillas deportivas), dejando de lado las serias razones por las cuales los demás se oponen a ello. Pero la verdad es que, a pesar de todo, continuará el camino con ellos, porque no quiere estar solo.

Para no dejar que su frustración alcance valores extremos, empieza a hablar de las «grandes» posibilidades que tendría si cambiara de trabajo. A su interlocutor le resulta evidente que las ideas del Optimista distan mucho de los hechos.

Para olvidarse cuanto antes de esa «ruta tan aburrida», esa misma noche se reunirá con sus amigos para tomar algunas copas.

El Optimista estancado en su desarrollo quiere vivir. Pero lo que él entiende por vivir difiere mucho de aquello que opina el adulto.

El momento determina lo que le sucede. Pasa los días sin plan, sin objetivo y con gran inquietud. En la vida se deja llevar por su excesiva espontaneidad e irreflexiva impulsividad. Es una persona que degusta la vida, un poco aquí y un poco allí.

A veces no hace nada, aunque ello no es signo de descanso, sino de una gran apatía y profunda frustración.

No *lleva* su vida sino que se *deja llevar* por sus arrebatos pasionales. No busca valores, y por ello no encuentra *sentido* ni *objetivo* en la vida. No hay nada que le comprometa ni le resulte vinculante. Nada tiene valor por sí mismo. Su lema es «Por una vez, no pasa nada».

La persona que vive así, no consigue crear ninguna historia personal; su vida se convierte en una acumulación de fragmentos. No sabe lo que quiere en realidad.

En ocasiones parece como si controlara su propia vida. Entonces idea un plan, busca el camino y los medios necesarios que le podrían proporcionar algún placer. Consigue dinero para comprar cosas, realizar actividades, es decir: para *distraerse* un poco. Entonces busca estímulos para que él mismo resulte atractivo a los demás. Quiere disfrutar de la vida, pero es insaciable. Los medios vitales que ha acumulado proceden del mundo superficial. La verdad es que no vive ni goza de la vida por sí mismo.

El Optimista no adulto no quiere aceptar la vida tal y como es. No se enfrenta a ella y sobre todo rehuye sus lados oscuros. Este es, sin duda, su *mayor* problema.

Hace lo posible por evitar el dolor interior. Se aparta al máximo de todo aquello que parece o es desagradable y no se detiene ante los problemas. Y si permanece más tiempo en un área problemática, utiliza su relación liberal con la verdad para superar las dificultades. Pero así no se encuentra a sí mismo ni a la vida; tampoco encuentra sus posibilidades, sus limitaciones ni el amor a la vida. Quien acepta el mundo sólo a medias, no lo ama en absoluto.

No deja que le influya nada que parezca oscuro o doloroso; en vez de esto centra su atención en sus deseos más vivos sin analizarlos con más detenimiento ni estudiar los pasos necesarios para convertirlos en realidad.

Pero su alma no olvida el dolor, sino lo conserva, porque lo valora mucho. No lo olvida, sino que simplemente lo desplaza. Y si surge la oportunidad de acercarlo en el lado consciente, aprovechará la ocasión para hacerlo. Pero aun así no es seguro que el Optimista se enfrente realmente a ese dolor.

El sueño que les relataré a continuación ofrece un ejemplo muy claro de una mujer joven que buscaba las conversaciones para salir de las dificultades. Esta mujer tuvo este sueño en una época en que empezaba a intuir que la única manera de evitar una catástrofe mayor era adoptando una actitud totalmente sincera consigo misma:

Ve a una niña pequeña en una habitación oscura. En su mano izquierda hay algo que brilla y resplandece, como si unos diamantes vivos generasen este juego de colores.

Atraída por este fenómeno mágico, se acerca a la niña y se reconoce a sí misma en ella.

Entonces aparece una viejecita muy sabia que le asegura amablemente, pero con decisión, que tras este juego de colores se esconde una serpiente (símbolo de las nuevas *posibilidades* de su existencia, que se están gestando), que podía matar a la niña. La manera de evitarlo sería matando ella misma a la serpiente.

La joven no sabe qué hacer. Si bien confía en esa viejecita, no se siente capaz de matar a ese animal mágico.

Entonces aparta a la serpiente de la mano de la niña y la coloca bajo la alfombra, confiando en que allí no pueda hacer ningún daño a la niña...

El «Optimista», tan obsesionado en negarlo todo y con ese modo de vivir tan disperso y fragmentario, *no* siente que valga, porque su alma no le transmite tal sentimiento. Y en lugar de enfrentarse a esta carencia, se pierde en su afán de protagonismo y consigue lo contrario de aquello que tanto ansiaba.

Cuando encuentra otras personas, a menudo se muestra arrogante; puede llegar incluso a comportarse de manera antisocial. No guarda las distancias y tiene muy poco tacto con los demás al limitar el espacio libre de los demás utilizando su propia libertad. Sólo parece ser un poco sociable al unirse a aquellos que satisfacen sus deseos inmediatos.

No hay duda de que es consciente de la resistencia de los demás, y por supuesto que se siente herido. Pero lo que hace es huir cuando comienza este dolor para refugiarse en nuevos cambios y distracciones y fantasías sobre otros proyectos que le prometan cierta felicidad.

Si los demás le rechazan a causa de su actitud, ¿cómo es posible que él sea el responsable? Él está tan alejado de su mundo interior que, igual que su «vecino», el Leal, proyecta en *los demás* todo lo que debería reprocharse a sí mismo.

Me pregunto, estimado lector, si a usted le ocurre lo mismo que a mí, pues mientras escribo estas líneas no me pongo agresivo, sino triste. Siento tan claramente lo que le falta a este buscador de la felicidad en realidad: no tiene ningún apoyo, ni en sí mismo ni en la vida en general. Tampoco tiene ningún vínculo con sus raíces. Es una persona inconstante y desarraigada. Pero quien vive así, interiormente está *pidiendo a gritos* que alguien le lance un «¡alto!», y que haya algo que le proporcione apoyo en lo más profundo.

¿Cómo pudo convertirse este Optimista en una persona así?

De su infancia nos cuentan que sufrió privaciones emocionales o materiales, lo cual provocó una falta de seguridad en sí mismo; esto llevó al niño a encargarse de las cosas imprescindibles de la vida siendo todavía demasiado joven. Fue víctima de una carencia de normas educativas, de la arbitrariedad y de las pocas oportunidades que tuvo para identificarse. Pero especialmente en el caso de una persona con esta estructura, resulta que los relatos sobre sus primeros años a menudo requieren ciertas correcciones.

## La resistencia al desarrollo

«*Debo* ser feliz.» Este principio unilateral es de nuevo el origen de la resistencia a una vida más personal, como en el caso de todas las personas que todavía se identifican estrechamente con su Tipo.

«*Be happy*!» («¡Sé feliz!») Este título de una canción hizo feliz a muchas personas en todo el mundo hace unos años. La felicidad es un valor primario de nuestro tiempo y por ello es ampliamente aceptado.

Sin embargo, la felicidad no es en sí ningún valor, sino la *consecuencia* de una vida llena de valores. Por ello, una persona no puede aspirar a la felicidad en sí, sino confiar en que aparezca cuando él realice otros valores adecuados a su situación vital.

Pero debemos saber que no existe felicidad para la persona que divide la vida, como si la tristeza, el dolor, el sufrimiento y la muerte no pertenecieran a esta existencia polarizada. Por eso el Optimista sólo encontrará aquello que tanto anhela cuando recorra ese camino, que nadie puede esquivar, en el cual su existencia es importante: el camino que le lleve a aceptar también las verdades oscuras de la vida.

No existe ningún camino tan desagradable como éste para nuestro Optimista, pero la verdad es que este camino es el que le acercará más rápidamente a su objetivo personal.

## Caminos hacia el desarrollo de la personalidad

**I.** Cuanto menos pueda apoyarse a sí mismo, más dependerá de las personas que le responden con un «¡alto!» cuando decide huir de nuevo y alejarse de la verdad, remontarse a fantasías para refugiarse del mundo, escapar de las decisiones, etc. Él espera este «¡alto!», aunque al principio se oponga a ello.

No, no es su Yo atosigado, sino su *espíritu* sediento de claridad quien espera esta de los demás. Pero sólo acepta esta señal si ésta se da por la amistad y no por una moral un tanto agria. Si siente la amistad detrás de este «¡alto!», recibirá aquello que tanto anhela: cariño y aceptación. Si son sus amigos quienes le ponen coto, él empezará a sentir apoyo en la vida.

Apoyo en la vida. Existen diferentes caminos que nos conducen a este lugar interior tan importante para las personas. Son los siguientes: uno sería la vitalización del cuerpo; otro, el esclarecimiento de la «sombra» emocional con sus muchos contenidos reprimidos y un tercero, la percepción de los valores que tienen vigencia real en la vida. Pero el Optimista estancado en su desarrollo necesita de momento que otras personas le frenen en la huida de su existencia para que pueda *empezar* a buscar su apoyo interior.

**II.** El Optimista no esquiva las sombras de la vida por comodidad ni por codicia vital, sino por miedo; miedo de no estar a la altura de aquello que le asedia y le oprime.

Parece estar dividido entre la sensación de placer que le piden sus impulsos y los estímulos del mundo exterior, como si fuera una pelota entre fuerzas interiores y exteriores, como si no tuviera «centro».

«Centro» es otra palabra que representa «persona». La *persona* es lo más importante del ser humano. Nos referimos a la persona al hablar de la *posibilidad* de *todos* de no sólo dejarse influir en la vida, sino de influir en la vida misma, en la propia y en la de los demás. La persona es espíritu y el espíritu no es un intelecto pálido o un objeto de placer de pensamiento filosófico, sino la realidad interior del ser humano, llena de sentimiento y de fuerza, que espera ser usada por él para que pueda llevar su vida por sí mismo.

¿Cómo puede el ser humano descubrir su persona?

La respuesta a esta pregunta sobrepasa con creces el marco de este párrafo. No obstante, me gustaría destacar al menos tres puntos esenciales, especialmente por lo que respecta al Optimista que desea cambiarse a sí mismo:

A. Es importante que la persona demasiado orientada hacia el exterior y por eso carente del sentimiento de su propio centro, empicce a sentirlo de momento desde el exterior. Liliane Juchlis desarrolló un ejercicio excelente en su libro *Heilen durch Wiederentdeckung der Ganzheit,* (Stuttgart 1988, pág. 112):

1. Colóquese de pie, con las rodillas relajadas, sin rigidez, los pies separados a la altura de su cintura. Deje colgar los brazos relajadamente.
2. Mire hacia delante y respire de forma pausada. Al espirar, relaje los músculos del rostro, el cuello, los hombros, el pecho, el vientre y de la pelvis. Cierre los ojos.
3. Perciba sus pies; sienta cómo las plantas de los pies se unen con el suelo.
4. Deje que sus pies crezcan: hacia delante, hacia atrás y hacia los lados. Sienta cómo los pies se apoyan en el suelo por completo.
5. Mande también tentáculos al suelo desde el arco del pie; deje que sus pies echen raíces en el suelo. Déjese llevar por esta unión con la tierra.
6. Sienta también sus tobillos; sienta sus piernas como si fueran dos columnas que crecen del suelo.
7. Permita que suba la corriente de la vida a través de estas columnas, desde la tierra hasta las rodillas, los muslos, la pelvis. Libérese de cualquier tensión.

8. Relaje los glúteos y sienta de nuevo la unión que surge entre los pies y la tierra.
9. Ahora dé fuerza en la zona por debajo del ombligo: presione el vientre ligeramente con sus puños y después deje que esta zona recupere su elasticidad tensando los músculos con fuerza.
10. Golpee ligeramente el vientre, como si estuviera tocando un tambor, y siga el rastro de la fuerza que está presente.
11. Sea consciente de su postura: está de pie, ancho y pesado, con las piernas abiertas, en una postura estable. Se encuentra de pie en su «hara» anclado en su propio *centro*.

B. Como el Optimista tiene tan poca sensibilidad de la historia de su vida y de su contexto, es importante que tenga presente su pasado. Estas siete preguntas le pueden ser de gran ayuda:

— ¿Qué vivencias felices de mi vida debo agradecerme a *mí mismo*? (¿Decisiones correctas, actitudes consecuentes, momentos de satisfacción interior...?)
— ¿Qué vivencias felices de mi vida debo agradecer a *los demás*? (¿Amor, sinceridad, lealtad, ayuda...)?
— ¿Qué es lo peor que me han hecho *los demás*? (¿Falta de amor, abandono, dureza, traición...?)
— ¿Qué es lo peor que me he hecho a *mí mismo*? (¿Ciertos miedos, adicciones, «debilidades», pérdidas...?)
— ¿En qué momentos tuve la sensación de llevar una vida *con sentido*? (¿Cómo eran esos momentos en concreto?)
— ¿En qué momentos tuve la sensación de llevar una vida *sin sentido*? (¿Cómo eran esos momentos en concreto?

— ¿A qué conclusiones importantes puedo llegar en el presente mirando al pasado (respecto a mi relación conmigo mismo, con los demás, con la vida, con mis compañeros de trabajo, con mi profesión...)?

Al tener presente el contexto de su vida pasada, esta persona puede llegar a desarrollar de una manera nueva la sensación que su vida le pertenece. Y si este sentimiento se hace presente, entonces el resto ya no queda tan lejos: el reto de querer asumir la responsabilidad de su propia vida.

C. Como el Optimista está demasiado orientado hacia el exterior, necesita que le orienten hacia el interior, especialmente porque está profundamente enraizado en el mundo interior. A través de los sueños y las imaginaciones encontrará los caminos para llegar a ella, así como reflexionando sobre las siguientes preguntas:

— ¿Me considero lo suficientemente importante como para cambiar mi propia vida?
— ¿*Busco* estos cambios? ¿Soy *yo* quien los busca?
— ¿He *sentido* alguna vez la libertad que aparece siempre al asumir la responsabilidad de mis fracasos?
— ¿Puedo afirmar que ya no creo que *los demás* son responsables del desarrollo de mi felicidad, algo que pensaba en mi infancia?
— ¿*Siento* que lo exterior no es en ningún caso el requisito para ser feliz?
— ¿Soy *demasiado* débil para poder tomar las riendas de mi propia vida?
— ¿Qué sentimiento me provoca la frase: *dirijo* mi vida?
— El dolor del alma se asemeja a la fiebre del cuerpo. Ambas cosas son impopulares, pero pretenden lo mis-

mo: recordarnos, advertirnos y desafiarnos para que vivamos mientras dispongamos del tiempo para ello. ¿Acaso me conmueve este pensamiento?

**III.** Es importante analizar la realidad. El Optimista, cuando oiga esta palabra, empezará a tensar el rostro como lo haría al morder un limón. Pero este punto es muy importante para él, ya que es demasiado poco consciente de lo que siente, de lo que piensa, de lo que dice y de lo que hace. Tampoco se da mucha cuenta de lo que *los demás* sienten, piensan, dicen y hacen. Pocas veces se pregunta si sus impulsos y deseos son responsables y viables. Pocas veces pregunta si los impulsos y deseos que *los demás* le dirigen son responsables y viables. Se deja engañar por sus ideas y sentidos con demasiada facilidad. Por ello es tan importante que sea él quien analice la realidad.

Pero cuando se proponga sacar más partido de sí mismo, estará también dispuesto a saborear la frase más discreta de aquellas que traen suerte, varias veces al día y durante largo tiempo: *¿Es verdadero lo que ahora siento, pienso y hago?*

Al sensibilizarse con esta pregunta, empezará a sentir su oscuridad interior y sentirá su vida de modo distinto. Se sentirá a sí mismo con más claridad, pero no por ello con menos variedad. Hablará y actuará de manera más sensata y, precisamente por eso, empezará a *sentir* su felicidad.

**IV.** El Optimista se refugia demasiado en las fantasías, y no me refiero a las creativas, sino a aquellas que le apartan con empuje de sus dificultades concretas. Estas *fantasías* le arrebatan su «adherencia al suelo». Le apartan de su tiempo y de su presente y le impiden enfrentarse a aquello que sucede aquí y ahora. Le roban la posibilidad de vivir esa libertad que lleva consigo el sentimiento de felicidad: la libertad *dentro* de ciertos límites.

Al alejarse demasiado de la realidad a través de las fantasías, está reprimiendo todavía más aquello que le aflige. No sólo evita el trabajo concreto de solucionar sus problemas, sino que incrementa todavía más el abismo existente entre la realidad y su mundo soñado. Así se ve inmerso en una tensión cada vez más fuerte que intenta superar a través de sus fantasías. Y además se irá formando así en él un anhelo irrealizable de vivir una vida que no existe en este mundo.

*Pero, ¿qué puede ayudarle?*
La comprensión de este contexto.

*¿Hay algo más que le pueda ayudar?*
Esforzarse en admitir cada vez menos las imágenes de la vida, que no tienen los pies en el suelo. Porque si las acepta en un primer momento, desarrollarán luego su propia poderosa dinámica difícil de rehuir.

*¿Basta con esforzarse?*
Sí, si este esfuerzo está suficientemente cargado de espíritu.

*¿Y cuándo aparece el espíritu?*
Probablemente cuando la persona haya comprendido que de ninguna manera puede continuar viviendo como hasta ahora.

V. Para el Optimista es vital *permanecer* cerca de las cosas importantes. Permanecer es lo contrario de huir. Al dejar que esta *palabra* actúe en mí, siento el placer que está unido a su contenido.

Cuando, por ejemplo, me recreo durante largo rato en un pensamiento, un sentimiento, una imagen, una piedra o una estrella, entro en contacto con ellos. Entonces no sólo veo lo que hay en la superficie, sino lo que se encuentra en su esencia. Experimento cierto valor y sentido por las cosas. Toda vida, aunque parezca no estar viva, tiene su parte exterior e interior; tiene forma y contenido, una imagen exterior y un valor interior. Pero al lado interior de las cosas no se accede con una mirada rápida.

Al estar con una persona, percibo su imagen exterior y oigo lo que dice. Pero si registro sólo su apariencia y sus palabras, sabré poco de su ser humano interior. Sólo cuando me *encuentre* con él, me dedique a él y permanezca a su lado, surgirá poco a poco en mí su ser. Entonces será posible una relación que convierta una cita en un encuentro. Y siempre que esto ocurra, ya sea con personas, cosas, sentimientos o pensamientos, o sea cuando una relación exterior se convierta en una relación interior, se desarrollará una corriente de sentido desde mí hacia el otro y desde el otro hacia mí. Pero para que tenga lugar este desarrollo es necesario permanecer.

Para lograr que la permanencia se convierta con el tiempo en una actitud ante la vida, puede realizar este ejercicio tan simple:

Durante diez minutos por la mañana y otros diez minutos por la tarde intento *permanecer* en lo que estoy haciendo en este momento. Cuando los pensamientos se escapen, algo que suele suceder con seguridad, dirigiré mi mirada exterior e interior con suavidad nuevamente hacia mi lugar.

Es fácil empezar este ejercicio, y también nos resulta relativamente sencillo durante los primeros diez minutos. Lo que será algo más difícil es realizarlo de manera periódica. Los pocos en cambio que desean vivir una vida rica en relaciones, lo considerarán pronto un bálsamo para sus almas. Cuanto más tiempo realicen este ejercicio, más les ayudará su alma a convertir la carga de la práctica constante en un alivio.

**VI.** La gratitud, el realismo sereno y la profunda certeza vital, son las posibilidades especiales de las personas con la estructura del Optimista.

Para permitir que un hombre experimente la certeza vital con más profundidad, acordamos una imaginación en la cual él se dirige al «lugar del apoyo interior»:

El camino le lleva al mar. Ya desde lejos ve que está cubierto por nubes oscuras y que el agua (símbolo muy conocido del inconsciente) está agitada. Parece que se acerca una tormenta.

El hombre expresa su malestar y gracias a los ánimos de su acompañante, consigue continuar el camino. Llega a una playa en la cual hay una roca enorme (conocido símbolo de la firmeza). Enseguida empieza a escalarla y entonces sucede lo siguiente:

Llegan unas fuertes olas que inundan la playa. Aunque se rompen contra la roca, no llegan a alcanzar al hombre, puesto que está firmemente agarrado a la roca. Está convencido de que ninguna ola del mundo podría alejarle de esta roca. Lleno de coraje, transmite a gritos su alegría de vivir a ese mar lleno de espuma.

El agua se va calmando y retrocede. El cielo es de un azul intenso. Desciende de la roca casi con tristeza y encuentra el acceso a su interior. Allí ve una piedra maravillosa. Es un diamante. Lo levanta, mira en el centro y allí ve a su propio corazón, protegido.

# 8
# El Líder

*El Líder está muy enraizado con su propia fuerza. Necesita retos para poder sentir su fuerza y así reconocer mejor a los demás. Con frecuencia para él la vida es lucha. Pero el niño que lleva en su interior también conoce el lado tierno de la vida.*

## El lado positivo: el Líder adulto

El Líder camina solemnemente, lleno de fuerza y de ganas de vivir, algo que transmite al grupo. A veces mira atrás para ver si los demás le pueden seguir. Si decide entonar alguna canción, los demás se mirarán disimuladamente con diversión por la gran potencia de su voz.

Cuando el grupo llegue a un arroyo, algo que complace enormemente al Líder, se dedicará a ayudar a quienes no se atreven a cruzarlo y les llevará uno tras otro hacia el otro lado. Cuando el grupo esté descansando al pie de una montaña, él seguirá caminando solo hacia la cima y cuando llegue, les lanzará un potente grito producto de su felicidad.

Los demás le tienen mucho respeto. Si alguno de ellos más tarde tuviera que tomar alguna decisión de gran trascendencia, llamaría al Líder aunque éste siempre mantuviese las distancias con él durante la caminata.

Si hay alguien que desee vivir y sea partidario de la acción, será él. Si hay alguien capacitado para tomar decisiones y valorar las bendiciones de la vida, es él.

El Líder sabe que hay mucha fuerza dentro de él. Siente que puede superar la vida y siente que la vida es un gran reto. Este es su profundo convencimiento, y coincidc con el Optimista al pensar que la vida es algo magnífico.

Es muy consciente de sí mismo, confía en sí mismo y quiere formar parte de la vida.

Él no espera a que *los demás* le proporcionen las condiciones adecuadas para llevar una vida con éxito. Le resultaría muy aburrido aposentarse en un «nido ajeno». Quiere elaborar lo que necesita por *sí mismo*. Quiere experimentar por *sí mismo* aquello que tanto anhela. Esto es lo que le da dignidad: ser *libre* para decidir. No hay nada que pueda desesperarle tanto como llevar una existencia dependiente. Él es su propio amo.

Incluso en tiempos difíciles apenas se deja acosar por las penas interiores y exteriores. Se aferra a sus objetivos. Quiere llevar a buen término aquello que se ha propuesto y es probable que lo haga. En ocasiones incluso le complace tener que conseguir sus objetivos en condiciones especialmente desfavorables.

Una persona así es un líder nato. Ama el poder, pero no por el bien del poder, sino por el de su independencia.

No se aprovecha de su posición de líder, ya que además de ser fuerte, es generoso y tolerante. Tiene en consideración a los demás y se siente altamente responsable de aquellos que le siguen. Y estos confían en él. Todos saben que es una persona de confianza. Pero esta confianza moviliza gran parte de su energía y genera en él la sensación de ser responsable de los demás. Esto le lleva a hacer surgir en los demás también esa fuerza vital, de la cual él dispone en grandes cantidades.

Aunque él sea una persona importante, no hace que los demás se sientan inferiores. Ama el poder, pero ama incluso más la justicia y la verdad, dos valores que le garantizan una vida llena de claridad. Y por lo tanto, las relaciones con las personas también deben ser claras, al igual que las causas de los conflictos y los caminos para superarlos. No hay nada que el Líder odie más que la ambigüedad, ya que conlleva represión, falsedad y mentira. La ambigüedad frena el reto de vivir. Pero ese reto de vivir es la tarea más estimulante que existe para esta persona.

La vida es algo valioso, especialmente la vida que uno ha creado por sí mismo, puesto que es una aventura que requiere la fuerza más profunda.

El Líder adulto no siempre necesita o quiere los grandes momentos. Pero cuando los vive, los disfruta plenamente en cuerpo, alma y espíritu.

También necesita vivir momentos bajos y cuando se presenten volverá a sentir «aquello»: el placer del nuevo inicio para crear la forma de su propia vida.

No desperdicia su fuerza (como lo haría el Reformador estancado en el desarrollo) en disgustos permanentes por sus fracasos, sino que se emplea a fondo para lograr lo que es posible. Cuando se da cuenta de sus limitaciones, no se resigna. Él cree que su tarea consiste en vivir *dignamente* con esas barreras inalterables.

A él le importa conseguir que la vida sea acertada, y no solamente la suya. Y puesto que vive desde dentro de sí mismo, espera que los demás también confíen en ellos mismos. Pero si se encuentra con personas a las cuales les cuesta *demasiado* vivir, puede ser cuidadoso y cordial con ellos, al igual que un gran oso cuando protege a su cría como si se tratara de su propia vida.

## El lado negativo: el Líder estancado en su desarrollo

Se pone en cabeza del grupo, pero de mala gana. Le importa muy poco si los demás le siguen o no. Así, sin darse cuenta, es posible que llegue a caminar solo y pierda el contacto con el grupo.

Posiblemente se le ocurra escoger justo aquel camino, que los expertos del paisaje hayan desaconsejado por su peligrosidad. En ese momento, el Líder no iniciará largas discusiones, sino que hará lo que le parezca mejor. Si algunos le siguieran por miedo, seguramente les gritaría de manera brutal cuando se quedaran parados por las dificultades imposibles de superar. También es posible que se vea envuelto en una situación desesperada y sólo pueda ser salvado por un equipo de rescate.

Los demás no le tienen respeto, le tienen miedo. Por eso casi todos están contentos de poder seguir su propio camino al terminar la caminata.

El Líder estancado en su desarrollo es un poco frío con las personas. Parece que sólo le interese su propia persona y hacer realidad sus deseos. Y como tiene la fuerza necesaria y son pocos los que se atreven a oponerse a él, consigue casi todo lo que quiere. Por ello ve confirmada su convicción de poder hacer todo según sus exigencias.

Es una persona atrevida, aventurera. Cuanto más riesgo, más a gusto se siente. Necesita demostrar a sí mismo y a los demás todo su poder. Tiene ansias de poder: relaciona el poder con todo aquello que le rodea, en todas sus formas.

Él quiere ser el «jefe del ring». Quiere dominar su entorno, imponer su voluntad a los demás y dar órdenes. Quiere que respeten sus exigencias y a la vez conservar sus derechos. Él es quien impone las condiciones y los demás deben atenerse a ellas. Quiere vivir con excesos y sin limitaciones. Parece como si el ansia de poder se hubiera apoderado de su vida.

Y para no permitir que su ámbito de poder se vea amenazado, se dedica a controlar su entorno. Tiene que saber lo que pasa a su alrededor. No se le debe escapar nada de lo que se oponga a él o a sus intenciones.

Su obsesión por el control a veces adopta formas raras y hace que la gente se pregunte por sus ocupaciones. Una expresión concreta de su actitud controladora son sus confrontaciones y provocaciones. A menudo busca problemas para saber si aquella persona a la que ha desafiado es digna de su confianza. De esta manera pretende desenmascararle. Sólo cuando sepa quiénes son sus amigos y enemigos, podrá tranquilizarse relativamente.

Le resulta muy difícil confiar en *los demás*. Él cree que sólo puede fiarse de sí mismo. ¿*Regalar* a los demás su confianza? Sería una tontería. Por ello desconfía de quienes se atreven a regalarle *a él* su confianza, ya que más adelante estas personas podrían ser peligrosas. Por eso los vigilará de cerca durante largo tiempo.

¡Pero pobres de aquellos que se comporten con ambigüedad durante largo tiempo o se atrevan a engañarle! Ellos serán víctimas de una ira terrible. Los atacará con palabras y no dejará títere con cabeza. En ese momento está fuera de sí, como un ángel de la venganza hecho de acero y fuego y se dedicará a destruir lo que se cruce en su camino. Les pagará con la misma moneda: con la maldad. Entonces ya no servirán ni argumentos, ni intentos de matización ni mucho menos palabras tranquilizadoras. Si se enfada, será la viva imagen de la rabia. Si su rabia le hiciera pensar que él es el responsable de sus propios fracasos, puede que incluso llegue a destruirse a sí mismo.

Por otra parte, y este es otro problema, tenderá a negar todo lo que no coincida con sus ideas.

Resulta desconcertante que sea capaz de ver negro lo que es blanco, de ver lluvia donde hay sol y de creer que hay guerra donde hay paz. Con sus largos brazos interiores quita de en medio todo lo que no coincide con su mundo ideal. Grita por su libertad y reprime la de los demás. Se encierra en la mentira y construye «su propia» verdad fuera de él.

Pero por muy injusto, intransigente, brusco y desconsiderado que el Líder pueda parecer o sea en realidad, hay algo oculto en él, que a veces sale a relucir, por ejemplo al encontrarse con un niño o con un «desgraciado» (que representa para él la persona que no tiene solución). Cuando no se siente observado, puede que se comporte como un niño o como una persona que conoce bastante el sufrimiento, la soledad y el anhelo de un mundo diferente. Hugo von Hofmannsthal es posible que pensara en esta situación al escribir lo siguiente: «En todo ser humano vive una inocencia propia.» En el Líder que actúa como una persona sedienta de poder, y cuya compañía deberíamos evitar por todos los medios, también vive una cierta inocencia abierta, tierna infantil.

Quien le haya visto así alguna vez, intuirá de alguna manera que el Líder sea así como es, *especialmente* por las otras personas, como por ejemplo sus padres o educadores, que no fueron capaces de transmitirle la confianza que ese niño hubiera necesitado para vivir en armonía.

Por lo visto experimentó a una temprana edad que el mundo no acepta a los débiles y que ser *fuerte* es algo prioritario. Experimentó que quien deje vivir al niño en su interior, será vencido, y que quien se defienda con todas sus fuerzas, será vencedor. Parece que esta manera de pensar y sentir en blanco y negro y su negativa a aceptar en su vida también los colores variados provienen de esa época de su vida.

Pero el lema «o esto o aquello», que aprendió, lo hizo desdichado, porque no pudo prestar atención a lo mejor dentro de sí mismo, su inocencia.

Así, de manera indirecta, resulta comprensible por qué las personas le importan tan poco y siente tanto desprecio hacia los débiles, que según él *no* deberían serlo.

Cuando se acerca a las personas, es por necesidad. Pero él no se dispone a estar a su disposición, a protegerles o amarles. Cuanto más pequeños se muestren, más fuerte se hará él ante ellos. Sólo mostrará su respeto a quienes se atrevan a oponerse a él con fuerza. El Líder se verá entonces ante alguien igual que él y así se confirmará su creencia de que la vida es una «lucha por la existencia». En este momento incluso escuchará lo que le diga el otro y se mostrará dispuesto al compromiso. Y sólo cuando alguien encuentre la palabra que llegue a conmover al niño que lleva dentro, será posible que ese gran oso esconda sus garras y muestre una parte de sí mismo, que su alma conoce hace mucho tiempo.

No hay duda de que el Líder quiere el poder, pero en el fondo sólo porque con él consigue reemplazar la carencia de seguridad que padece su vida. Pero en lo más profundo de su alma permanece el anhelo de franqueza, paz e inocencia.

El sueño de una señora mayor, en el cual se vio identificada con ambas figuras, ejemplifica lo anterior: la señora, ahora ya mayor, ve a una niña de unos siete años que se está peleando con otros niños y finalmente resulta vencedora.

A pesar de la victoria, la niña parece desdichada. Su rostro refleja obstinación, reserva y soledad. Entonces aparece una mujer que se acerca lentamente a la niña. Ella la quiere coger de la mano, pero la niña se niega, rechazándola de forma brusca y alejándose de ella. Pero la mujer sigue acercándose lentamente a ella.

Vuelven a encontrarse y esta vez la niña le tiende la mano. No mira a la mujer, pero el contacto no le parece del todo desagradable.

Ambas entran en una casa, que, aunque no es bonita, es acogedora. Se sientan delante de la chimenea y se dejan envolver por el calor del fuego. Mientras la mujer pone las manos de la niña en las suyas, sus ojos (los de la niña) empiezan a brillar y ese rostro tenso comienza a sonreír.

Una profunda sensación de calor, casi desconocida, invade a la mujer.

## La resistencia al desarrollo

«*Debo ser fuerte.*» Este lema, que también representa el valor primario en la vida del Líder, es la resistencia principal contra su posible deseo de desarrollarse. ¿Por qué debería precisamente él fijarse en sus *debilidades*?

Ser fuerte: este es un valor muy especial no sólo para el Líder, sino también para muchos de sus contemporáneos. Si no fuera así, sentirnos tristes por la pérdida de personas amadas o de posibilidades anheladas, ocuparía en nuestro tiempo un lugar diferente en la jerarquía de valores. La frase «¡Ahora debes ser fuerte!» es el frecuente consuelo de los amigos para el apenado. (Los psicoterapeutas tienen amplios conocimientos que nos harían reflexionar sobre los efectos nefastos de la «fuerza» obtenida por obligación en situaciones de luto.)

No, reflexionar sobre las propias dificultades y las posibilidades no vividas es algo que no complace al Líder estancado en su desarrollo. Se resistirá a aquello mientras pueda, hasta que la gravedad de la situación le obligue a reflexionar o se encuentre con cierta persona que se atreva a oponerse a él o a acercarse al niño que lleva en su interior.

## Caminos hacia el desarrollo de la personalidad

**I.** La necesidad y el amor son los motivos que pueden animar al Líder estancado en su desarrollo a reflexionar con más profundidad sobre sí mismo y extraer las consecuencias convenientes.

En el momento en que su problema con los demás se haya complicado demasiado, cuando su ánimo empiece a nublarse o se agrave su estilo de vida lleno de excesos, entonces no podrá eludir detenerse para reflexionar sobre sí mismo.

Ya que le resulta difícil reconocer sus propios errores y debilidades, es importante entonces que se plantee primero la pregunta, si desea seguir viviendo como hasta ahora. Esta cuestión es un tanto desagradable para él, pero toca una parte muy sensible de su ser. No hay duda de que en su interior se esconde un gran deseo de vivir con más *fuerza.*

Lo primero que debe hacer por lo tanto es plantearse la pregunta concreta, *qué* problemas tiene y *cómo* afectan a su vida, para así introducir un cambio con la mayor rapidez. Debe reflexionar especialmente sobre aquello, con lo cual no consigue ponerse de acuerdo. No puede eludir este primer balance.

¿Hay algo que pudiera ayudarle a anticiparse a su tendencia de negar sus propios errores y debilidades? Quizá le ayudaran las siguientes preguntas:

— ¿No me siento lo suficientemente fuerte para mirar a los enemigos que llevo *dentro de mí mismo* directamente a los ojos?
  ¿Sólo soy fuerte en la lucha contra mis enemigos *exteriores*?
— ¿Acaso *no* quiero saber por qué tengo problemas en estos momentos (y quizá los haya tenido desde hace tiempo)?
  ¿Es posible que no quiera saber la respuesta a esta pregunta, porque soy demasiado *cobarde* para enfrentarme a la verdad?
— ¿Es posible que la negación de mis debilidades haya sido para *mí* hasta ahora una fuerza?

**II.** El amor también puede inducir al Líder a analizar su modo de vivir, que ha llevado hasta ahora. Pero como no podemos hacer aparecer a alguien que le ame a voluntad, no nos queda otro remedio, y a él tampoco, que hablarle del amor por sí mismo.

De nuevo hay preguntas que pueden ayudarle a abrir los accesos a sí mismo:

— Veo pasar ante mí las cualidades que me caracterizan, por ejemplo mis ganas de vivir, mi coraje, mi resistencia, mi compasión por esos «pobres desgraciados».
  ¿Acaso estas fuertes cualidades no son un buen motivo para ocuparme *también*, y más que hasta ahora, de los «asuntos» que me han provocado las dificultades actuales?
— Me miro en el espejo una vez al día, como mínimo. Veo mi rostro y lo que este expresa: la fuerza, la obstinación, la oscuridad y quizá también un dolor secreto.

> Podría apartar la vista rápidamente, pero también podría preguntarme (no es necesario que los demás se enteren de las respuestas):
> ¿A *quién* va dirigido este dolor?
> ¿Qué quiere decirme?
> ¿Soy sólo la persona que los demás temen?
> ¿Acaso no soy *también* esa persona oscura, triste y sola que ahora me observa?
> ¿*Quién* es el responsable de esa persona que me observa a través del espejo?

Veo al Líder ante mí, leyendo estas líneas. Sostiene el libro a cierta distancia. La arruga que se ha formado en medio de su frente ha llegado a su punto máximo. Su rostro muestra rechazo, agresión y una sensación embarazosa.

Pero antes de que cierre el libro, querido lector Líder, plantéese otra pregunta: ¿Qué es lo que más le obliga a levantar barricadas a su alrededor cuando alguien intenta acercarse a usted como *persona* y no como «Rambo», cuando intenta ver los *sentimientos* que existen detrás de esos muros, (algo que usted bien sabe), unos sentimientos blandos y tiernos, cariñosos y nostálgicos, tristes y totalmente negros? ¿Por qué, le pregunto, usted, una persona de *aparente* dureza, no permite que los demás le quieran? ¿Por qué no permite que no sólo le desafíen en la lucha, sino también para que tenga un encuentro humano cálido en el cual esa maldita fuerza no sea lo más importante. Que también le importen la sinceridad, la franqueza y que reconozca que nosotros los seres humanos somos *ambas* cosas: ganadores y perdedores, héroes y fracasados, fuertes y débiles. ¿Cuándo dejará de simular que lo único que importa en la vida es defender su propia piel, como si tuviera que adoptar una actitud permanente de cuidado y alerta?

¿Por qué evita, tocando los tambores permanentemente, que los demás se acerquen a usted, algo que usted tanto anhela?

¿No se da cuenta de que es el *miedo* lo que le impide abrirse a las personas y abandonar ese juego de poder tan agotador?

**III.** Eso es. El Líder también tiene miedo; miedo de mostrar sus sentimientos menos fuertes y de que los demás no le tomen en serio, al ser testigos de su debilidad. ¡Está tan equivocado al pensar así...! ¡Y esta equivocación tiene grandes consecuencias!

Damos por sentado que hay bastantes personas que saben sacar provecho de la debilidad mostrada con franqueza por una persona fuerte. Pero la cuestión es si queremos o no incluir esta franqueza en nuestro modo de vida.

¿Pero cómo puede el Líder *sentirse dispuesto* a plantearse más que hasta ahora cómo es en realidad, si *también* es cariñoso, tierno, ansioso, débil y temeroso?

No hay duda de que lo conseguirá con la ayuda de las personas, en las que ha empezado a confiar, pero ante todo al comprender, que la aceptación de las partes «negativas» supone *fortaleza*. Quien disimula ser casi invulnerable y desconocer el miedo y las debilidades,...

... no se conoce a sí mismo
... sabe poco del ser humano
... sabe poco de la vida
... forma en sí mismo un gueto
... pierde fuerza al mantener ese gueto
... está de su parte sólo a medias
... se engaña mucho a sí mismo
... no busca la verdad
... no es precisamente una persona fuerte
... no llega hasta su verdadera fuerza

El sabio Isaac de Nínive dijo en una ocasión:

> «Quien puede llorar por sí mismo durante toda una hora, es más grande que quien da lecciones al mundo entero. Quien conoce su propia debilidad, es más grande que quien contempla el ángel.»

IV. Naturalmente el Líder también necesita mirar con más profundidad a su alma. No hay duda de que lo necesita, especialmente a causa de su potencia agresiva. Si no, es posible que algún día vea la vida sólo como un campo de batalla. C. G. Jung ha descrito muy seriamente las consecuencias que podría tener tal comportamiento:

> «Sólo el necio puede descuidar a largo plazo los requisitos de su propia naturaleza (emocional-inconsciente). Este descuido puede ser el medio para convertirle en un instrumento del mal.»
>
> Los requisitos que permanecen inconscientes «le inducen[...] a proyectar en "los demás" el mal no comprendido. Así se consigue reforzar la actitud contraria del modo más efectivo, ya que al proyectar el mal, se traslada al enemigo también el miedo que tenemos de nuestro propio mal[...] y se multiplica así el peso de su amenaza».
>
> C. G. JUNG.
> *Lesebuch*,
> Franz Alt, Olten 1983, pág. 313 y sigs.

Ya hemos hablado anteriormente de los caminos que nos elevan hacia el autoconocimiento: los sueños y las imaginaciones. Pero también hay otras ayudas que pueden hacer progresar, especialmente la que le presento a continuación.

No es artística, sino muy realista. No es cariñosa, pero sí desafiante. Es directa y por lo tanto liberadora. Es una ayuda especial para el Líder, pero también válida para todo aquel, que se atreva a experimentar rápida y ampliamente aspectos sobre sí mismo de manera poco convencional.

La sabiduría de los pueblos es gran conocedora de esta ayuda especial para la vida, que ha sido discutida en innumerables obras. Pero esta sabiduría ha pasado desapercibida como ninguna otra en la historia, algo que resulta comprensible. Las razones son las siguientes:

Cuanto más egocéntrica es una persona, más desgraciada. Y al revés: cuanto menos se centre en lo que desearía tener y aparentar, más feliz será. Al ser menos egocéntrica, es menos unilateral. Al pensar de manera menos egocéntrica, siente más su corazón. Quien sienta más su corazón, se conocerá a *sí mismo* con más profundidad. Quien se conozca con más profundidad, se acercará más a su propio ser y a los demás.

Las siguientes preguntas modelo, planteadas de vez en cuando, podrían ayudarle al Líder a descubrir el juego de su egoísmo y a analizarlo. Así aprovecharía la oportunidad de tratar a la vida de una forma más libre y cordial:

— ¿Observo lo *suficiente* a las personas con las que vivo día a día?
  ¿Me doy cuenta de si están cansadas, tristes o contentas?
— ¿Cómo reacciono a los favores que me piden?
  ¿Hago caso omiso?
  ¿Los rechazo antes de ser consciente de ello?
— Cuando discuto con alguien, ¿qué es lo que me importa?
  ¿La verdad? ¿La justicia?
  ¿Lo hago para afirmarme a mí mismo?
  ¿Lo hago para defender mi opinión?
  ¿Después de imponer mi opinión, estoy contento de nuevo?

— ¿Cuál es la crítica que más veces me han expresado en el curso de los años?
¿Alguna vez he intentado dejar que esas críticas actuaran en mí?
¿He creído alguna vez que la crítica de los demás fuera bienintencionada?
— ¿Es posible que algunas personas siempre sean amables conmigo, a pesar de que yo les rechace una y otra vez?
¿He analizado alguna vez el origen de mi comportamiento?
— ¿Acaso conozco las objeciones que me haría *mi propia* alma?

V. Ser fuerte significa tener fuerza y ser débil significa no tenerla. Una persona con la estructura del Líder está predestinada, profesionalmente o en su tiempo libre, a poner esa fuerza a disposición de aquellos que la necesitan.

Al Líder también le haría bien relacionarse con aquellas personas, que son muy diferentes a él. Se dirigirían al niño que lleva en sí mismo y le ayudarían a superar su egocentrismo. Le darían la oportunidad de experimentar que la vida humana llena de vigor no es lo único que vale. Al experimentar esta verdad durante cierto tiempo, ya no estaría tan seguro de quién resulta más beneficiado con esta vida en común: él, el Líder o ellos, los «débiles».

VI. La tolerancia, la bondad y el amor a la verdad son las posibilidades especiales del Líder.

Para que un hombre joven experimentase que la vida no sólo es lucha y que su *propia* alma conociese la bondad de la vida, le recomendé que caminara hacia las «aguas de la vida» (un símbolo de la fuerza interior, unida a la parte femenina, que proporciona vida):

Un cesto le lleva hacia lo más profundo de su propia «tierra». Allí, de momento le recibe la oscuridad. Con la ayuda de una antorcha se orienta y ve un riachuelo cuyas aguas fluyen hacia la izquierda. Se adentra en él y empieza a caminar, valeroso. La luz va aumentando y el riachuelo se convierte en un río. Ve rayos de luz muy potentes en el agua que parecen flechas indicando el camino. Pero hay un muro de contención que le corta el paso. Al menos eso es lo que parece.

Quiere salir del río y le pregunto hacia dónde señalan las flechas. Me responde que hacia delante.

Se acerca al muro y en él descubre una gran puerta que abre sin dificultad.

Ante él hay un enorme lago azul y redondo. Le pido que camine hacia el centro. Cuando llega allí, el agua empieza a moverse con más y más fuerza y consigue elevarle. Se inicia un juego en el agua cuyos efectos son difíciles de describir desde la galería de la consciencia: el agua le arrastra, le rodea, le eleva, le hunde y vuelve a elevarle... Con los brazos abiertos se entrega a ese elemento tan fuerte y al mismo tiempo cariñoso.

No necesita hacer nada. Puede entregarse a sus amigos. Se siente como un niño en los brazos de la vida. Siente su bondad.

# 9
# El Conciliador

*Donde se siente más a gusto es en su mundo interior oculto. El mundo a menudo le supone una carga y sólo le aparta de aquello que vive en su interior. Pero él comenzará a abrirse al mundo, cuando llegue a experimentar sus propias fuerzas.*

## El lado positivo: el Conciliador adulto

Casi siempre le vemos caminar en el centro del grupo. De él emana una gran calma y siempre tiene una actitud abierta frente a todo, sea lo que sea. Si el día se presenta lluvioso, se pondrá la capucha y disfrutará igualmente de la caminata.

A veces no puede evitar despegarse del grupo para ir a ver ese valle escondido de la montaña. Pero como sabe que los demás le echarán de menos, no permanece demasiado tiempo en su sendero solitario.

Si se produce una disputa en el grupo, escuchará primero a los implicados con atención. Luego mediará en el conflicto, pero con pocas palabras. Pero si alguien se comporta de manera injusta, a los demás les extrañará la severidad y claridad con la que reprende esta acción.

Quien desee recuperarse a través de la conversación, podrá hacerlo acercándose al Conciliador, una persona que está en completa armonía consigo misma. Es tranquilo, amable y comprensivo. Le gusta escuchar. Hace preguntas interesantes y está atento. Es abierto y comprensivo al hablar con los demás. Él les ofrece ayuda de forma discreta, pero sin obligarles a poner en práctica sus ideas. Las personas que tratan a menudo con él se dan cuenta de su vivacidad y de su atención nada llamativas.

Se dirige al otro y al mismo tiempo está centrado en sí mismo. Está seguro de sí mismo, pero sin dar una importancia excesiva a su persona. Es muy independiente, pero a la vez muy apto para entablar relaciones profundas.

Se indigna cuando alguien habla irrespetuosamente de terceros. Entonces se pone en la piel de la persona ausente y le defiende. Odia los cotilleos y no tolera la injusticia. Él es una persona justa. También se enoja cuando la conversación se convierte en una queja continua sobre las circunstancias, pues odia el pesimismo. Para él lo que sucede en el mundo no es ningún drama. Él observa, de manera impasible, el mundo y lo que en él acontece. Está abierto a lo que suceda.

Cuenta con ambas cosas: con la evolución difícil y con la satisfactoria. Pero lo que el futuro le presente es algo que hoy todavía no le preocupa. Puesto que no es demasiado exigente ni tampoco demasiado subestima demasiado sus habilidades, sabe que será capaz de sacar el máximo partido de lo que suceda.

Del Conciliador emana algo que no resulta fácil comprender. Experimentamos algo auténtico y muy amplio en su esencia. Sentimos lo fuertemente enraizado que está en su mundo interior *auténtico* y que él vive de sus fuentes, que son independientes del río apresurado del día a día. Intuimos que tiene esa confianza originaria que tantos ansían. Sentimos que no sólo vive de aquello que tiene y puede hacer y que depende poco de los favores de los demás.

Su relación directa con su mundo interior es la razón de su serenidad en el mundo exterior. Está abierto a este mundo, pero sin aferrarse a él. La vida es importante, pero no *demasiado* importante, y pensar en la muerte tampoco le asedia demasiado.

Esta actitud ante la vida y la muerte le proporciona una curiosa alegría que para los demás puede ser un tanto extraña. En situaciones difíciles de la vida, como por ejemplo antes de una operación, es capaz de solucionar las tareas domésticas pendientes y bromear sobre su estancia en el hospital.

Es una persona que emana paz y la paz es lo más importante en su vida. Él se esfuerza en conseguir la paz para y con los demás. Pero no puede vivir con una paz «podrida», porque su afinado sentido interior del orden y la justicia admiten el compromiso sólo de forma limitada. Por ello no evita los conflictos y resiste lo suficiente hasta poder mostrar una solución clara para él y para los demás.

El siguiente sueño de una mujer muestra de manera sorprendente la esencia típica del Conciliador, sus posibilidades y también sus riesgos:

«Dos manos cariñosas me elevan con cuidado y me sitúan en la atmósfera. Miro hacia arriba tumbada sobre la espalda.

Una voz dice:

–Empieza a dar vueltas y busca un lugar donde puedas aterrizar en la Tierra. Puedes elegir el lugar donde deseas vivir.

Me doy la vuelta y comienzo a volar sobre el mundo.

Allí abajo se extiende un bosque impenetrable que parece cubrir toda la Tierra. Es maravilloso volar sobre él. En las copas de los árboles veo pájaros de belleza singular. Dentro de grandes cuevas descubro osos, monos y otros animales que no conozco. Voy descendiendo y veo un nido de una águila real con sus crías dentro. Vuelo alrededor del nido, sin acercarme demasiado, ya que este animal podría ser peligroso. Disfruto de los lugares conocidos y desconocidos.

Pero ya no recuerdo mi misión.

Entonces oigo de nuevo la voz desde arriba que me recuerda la necesidad de decidir dónde asentarme. Le digo:

–Ya que no sé dónde quiero quedarme, ¿podrías decidir tú por mí?

Pero no recibo ninguna respuesta.

Sigo volando. Veo volcanes y enormes manadas de elefantes y me dirijo hacia ellos. Entonces oigo una risa sincera desde arriba y una frase que me entristece ligeramente:

–Puedes decidir tú misma, pero no olvides tu misión.

Por eso sigo reflexionando sobre la cuestión incómoda de qué debería hacer.

Abajo, a mi izquierda hay un puerto maravilloso. Sin embargo, tengo la seguridad de que ni este lugar ni el resto de maravillas que he visto, pueden ser mi objetivo.

Por ello decido aterrizar sobre una gran catedral. Hay muchas personas, tenderetes, tiovivos. Aunque no soy feliz, sé que mi camino proseguirá a partir de este punto en la Tierra. Decido seguir buscando.»

## El lado negativo: el Conciliador estancado en su desarrollo

Poco después de empezar la caminata, le veremos al final del grupo. Si los demás aceleraran el paso, no intentaría adaptarse a ellos, pues le resultaría demasiado fatigoso.

Si se produce una discusión, él se apartará del grupo, sin decir nada, y esperará de todo corazón que se solucione rápidamente.

Cuando vea un valle no habitado, se apartará del grupo. Y así se adentrará en él y perderá el contacto con el grupo sin darse cuenta. Ya no pensará en ellos y no se desesperaría si más tarde no consiguiese encontrarlos.

Si los demás le vieran de nuevo y le dijeran que han estado muy preocupados por él, no los entendería.

Estar en el mundo es algo agotador. Así se puede describir el sentimiento fundamental del Conciliador estancado en el desarrollo. El mundo es demasiado agresivo, inquieto, exigente y ruidoso para él. Le da miedo y deprime; no le gusta estar en él. Lo soportaría mejor si pudiera observarlo desde la distancia.

No hay nada más desagradable para él que los conflictos, tanto en el exterior como en el interior.

Siente miedo de su vivacidad *interior*, por ejemplo de sus impulsos agresivos o sexuales, porque le podrían inducir a que entrara en acción. Pero esto podría tener consecuencias agotadoras. Por ello procura evitarlos y contenerlos al máximo.

Tampoco disfruta de sus talentos personales. Aunque los conoce, no los saca a relucir, porque podrían convertirle en una persona pública. No los considera importantes, al igual que *su propia persona*.

También tiene miedo de su vivacidad *exterior* y por lo tanto hace lo posible por distanciarse de ella. Pero si tiene que tomar parte en una discusión, no dirá nada: se retraerá en sí mismo y los demás ya no notarán su presencia.

En relaciones de larga duración se sitúa por debajo de la otra persona, como lo haría el Leal no adulto; se adapta y se entrega a ella, idealizándola. Parece que vive a través del otro. Pero, a diferencia del Leal, no le mostrará su resistencia cuando la otra persona no cumpla sus promesas. Lo que hará es retraerse más si cabe y no querrá saber nada más de la vida. Se encerrará en sí mismo y pondrá multitud de pretextos.

Quitará importancia a las tareas importantes que tenga que realizar y se negará a cumplir con su responsabilidad con una terquedad asombrosa.

Cuando su decepción de la vida aumente, no sentirá ningún estímulo; se mostrará fatalista y se resignará, descuidándose exterior e interiormente. En ese momento romperá los lazos que le unen a la realidad y se trasladará a una isla interior a la cual casi nadie tiene acceso. Allí soñará sobre su mundo y se imaginará en una existencia armónica.

El Ganador estancado en su desarrollo se exterioriza tanto en las situaciones extremas que llega a identificarse casi sólo con su papel. En cambio, el Conciliador en esta situación se retrae tanto en sí mismo, que no parece quedar de él ni el papel ni la persona. La vida parece haberse alejado de él. Entonces hasta tiene miedo de sentir su propio punto de vista y tener que defenderlo.

Es ese tipo de persona que parece experimentar poco sentido por la vida. No sabe «de qué le serviría» y por qué precisamente él debería tomar parte en este movimiento. El mundo, tal como es, le parece sospechoso. Lo observa con un profundo escepticismo, incluso con cierto desprecio.

La razón fundamental de esta actitud ante la vida reside no haber experimentado su ser *personal*. Su tierra interior le parece demasiado lejana como para poder buscar su propio centro y se niega a encontrarlo. Esto le desorienta, tanto al observarse a sí mismo como a la vida misma.

La gran posibilidad de una persona con esta estructura es también su mayor *amenaza*. Su posibilidad reside en poder experimentar los secretos de la vida con mayor profundidad que otras personas.

Su amenaza es llegar a perderse en las bóvedas interiores.

De la infancia de estas personas sabemos de algunas que les prestaban poca atención y que les daban poca importancia. Crecieron como algo «secundario».

Otros nos dicen que intentaban mediar entre sus padres, a una edad demasiado temprana, y se esforzaban para comprender los dos lados.

De una manera u otra, todos los informes nos hablan de un niño sin la suficiente preparación para afirmarse a sí mismo en un mundo lleno de ambivalencias.

## La resistencia al desarrollo

«*Debo* vivir en armonía». Es evidente que un valor-clave como éste tiende a esquivar constantemente cualquier conflicto e impide el desarrollo del ser humano.

Debido a los conocimientos de la psicología de nuestro siglo, *este* valor, excesivamente cuidado por la historia de occidente, no ha tenido gran repercusión en la sociedad. Todo lo contrario: las experiencias terapéuticas han mostrado que alguien que busca ante todo la armonía en su vida, entra en desacuerdo consigo mismo.

La vida tiene lugar en un campo de tensión estructurado por polos. Esto da lugar a personas diferentes con personalidades e intereses distintos. De ahí que las disputas sean algo inevitable en este mundo.

La armonía es sin duda un valor radiante, pero sólo puede experimentarse en una tierra cuyo acceso nos es negado por el ángel con la famosa espada en llamas.

Desarrollarse significa aceptar la vivacidad, la interior y la exterior, y con ello también los conflictos y disputas, no por sí mismos, sino por la paz interior. Precisamente esta perspectiva es la que podría inducir al Conciliador a recorrer el camino.

## Caminos hacia el desarrollo de la personalidad

**I.** Como el Conciliador estancado en su desarrollo se da muy poca importancia a sí mismo, a menudo no se da cuenta de que *interiormente* no está realizando ningún progreso. Sólo cuando oscurezca su ánimo por descuidarse tanto a sí mismo y se encuentre atrapado en una situación social difícil, puede que empiece a reflexionar sobre los cambios que necesita hacer en su vida.

¿Pero cómo puede sentirse motivado para no sólo apartarse de lo peor, sino también para *desear* lo mejor? ¿Cómo puede aprender a prestar más atención a sí mismo? Esta es la cuestión fundamental para él: si no empieza a *sentir* con más profundidad qué hubo hasta ahora, que él es el más influyente para desarrollar su vida, todas las otras medidas serán inútiles.

El Conciliador se siente cansado, apático, falto de iniciativa y de decisión, porque su lado negativo aún le atrae con más fuerza. El mundo no es su hogar y por lo tanto apenas tiene motivos interiores para buscar valores atractivos en el mundo. Estas frases parecen deprimentes. Mientras las escribo, veo ante mí a estas personas, con sus rostros delicados y ojos enigmáticos.

Oigo sus voces silenciosas y recuerdo sus gestos lentos. Siento su profundo rechazo al reto de tener que participar en la vida.

¿Dónde está ese punto interior en el que esta persona se deja tocar y empieza a abrirse? ¿Qué pensamiento y sentimiento podría conmoverle para despertar de su sueño interior?

¿Acaso es cierto que su mayor deseo es su ansia de armonía? No.

¿Qué es entonces la armonía? La armonía es conformidad y consonancia y seguirá siendo el mayor deseo del Conciliador hasta que haya aprendido a profundizar en los demás.

Es cierto que rechaza la pelea y la disputa, pero no sólo por aversión al conflicto. Sabe apreciar muy bien los caracteres diferentes de otras personas y por eso puede dejar que sean como son. Pero precisamente por eso no sólo desea la armonía, sino algo más: la *paz*.

Básicamente quiere armonía, pero no a cualquier precio: su sentido de la justicia es demasiado fuerte. Pero si consigue adaptarse y armonizar las relaciones, lo hace únicamente por miedo a verse envuelto en una disputa para la cual no se siente a la altura.

Tiene poca experiencia en discusiones y por eso poca experiencia en su *propia* capacidad para el conflicto. No conoce la manera de solucionar los conflictos para lograr la *paz*

¿Entonces dónde esta el punto en el que el Original llega a conmoverse y sentirse motivado para prestar más atención a sí mismo?

Este «punto» es su profundo deseo, probablemente no consciente, de adquirir capacidad para el conflicto y este deseo puede cobrar vida a través de la *visión* de esta capacidad.

El siguiente ejemplo podría mostrarles esta situación:

> Entro en una casa donde tiene lugar la conversación que hubiera preferido evitar. Pero he venido porque se trata de un asunto importante.

No espero mucho ante la puerta, llamo al timbre de manera enérgica.
No analizo el rostro de mi «oponente» para saber lo que piensa de mí. Le estrecho la mano con fuerza.
No espero a que me lleve a una habitación, sino que soy yo quien entra en la mejor de todas.
No permito que la otra persona inicie la conversación para no permitirle que lleve las riendas de la misma. Soy yo quien empieza a hablar.
Oigo sus amenazas y le advierto de su comportamiento.
Él insiste en su actitud amenazadora y yo me pregunto qué deseo realmente.
Él quiere cortar la conversación (algo que no me sería nada favorable). Dejo las palabras a un lado e insisto en que juntos debemos buscar una solución.
Él me propone algo distinto. Me muestro complaciente y me doy cuenta de que su modo de hablar es algo más conciliador. Por ello yo también me muestro más dispuesto a negociar.
Me propone llegar a un acuerdo bastante aceptable. Lo acepto y se muestra muy cordial. No me resulta difícil aceptar su cordialidad.
Ambos nos reímos sobre nuestro afán de lucha y nos complace haber llegado a un acuerdo.

¡No! ¡No es una capitulación! No se trata de que usted realice hoy mismo este examen de valentía; de momento simplemente es una *visión*, que realiza en su casa, con seguridad.

¡No! No admito tampoco la excusa de que usted *nunca* sería capaz de una conversación de este tipo. ¿Cómo puede decir algo así, si hasta ahora no ha experimentado la fuerza de tales visiones?

**II.** La resignación es una gran amenaza para el Conciliador estancado en su desarrollo.

> «La resignación es
> acabar prematuramente con la búsqueda
> de la esperanza, del sentido, de una nueva vida;
> es el rechazo débil y obstinado y la negación
> de continuar con la búsqueda de los motivos vitales.
> Quien se resigna
> se abandona a sí mismo, a los demás, al mundo.
> Quien se resigna
> pierde su mayor tesoro:
> la esperanza de culminar la vida»
>
> UWE BÖSCHEMEYER,
> *Hoffnung in dieser Welt,*
> SKV-Edition, pág. 17.

Es importante para el Conciliador no sólo diagnosticar su resignación, sino también identificarla. Entonces descubrirá algo que es importante para él. Se dará cuenta de que él no es tan pacífico como había pensado hasta ahora y reconocerá que también hay fuerzas agresivas de dimensiones considerables en su interior. Sus propios sueños podrían incluso confirmar esta afirmación.

Pero la mayor parte de sus fuerzas agresivas no consigue salir al exterior. Aunque estén dirigidas a los *demás*, quedarán en su propia alma. En ocasiones se expresan de forma encubierta, a través de la obstinación ante los deseos de los demás. De forma *primaria* se manifiestan en la agresión a su *propio* ser.

Tras la palabra «agresión», cuyos efectos han sido a menudo ignorados, se esconden las grandes tragedias humanas.

Ser agresivo con uno mismo significa rechazar y negar nuestro *propio* ser. Significa no asumir la responsabilidad de nuestra propia vida y *no* buscar los motivos para una vida lograda. La resignación es el punto final del conjunto de sus efectos.

Así llegamos a una conclusión importante:

En realidad, el Conciliador que se aparta de la vida no vive libre de conflictos, pues se encuentra *constantemente* en conflicto consigo mismo. Y este conflicto le arrebata la fuerza que necesita urgentemente para afirmarse en el mundo y alcanzar esa *paz* que tanto anhela.

Si quiere superar su resignación, debe someterse a la tarea de conocer sus agresiones interiores, quizá con la ayuda de un experto. (Puede que le motive la idea de que la agresividad madura no tiene nada que ver con chillar a toda voz, sino con la capacidad de defender los intereses propios de manera responsable en las situaciones de cambio en la vida.)

Existe una serie de preguntas que podrían llevarle a la reflexión:

— ¿Ha habido personas en mi entorno que no me gustaran?
  ¿Qué imágenes me vienen a la mente al pensar en estas personas?
  ¿Qué sentimientos surgen en mí al recordarlas?
  ¿Aparece tal vez otro pensamiento *diferente*?
— ¿Ha habido alguna persona a quien hubiera mandado al infierno?
  ¿Ni siguiera una?
  ¿Y qué habría hecho con ella de haber tenido la oportunidad?
— ¿Hay alguna persona en mi entorno actual que no me guste?
  ¿Es posible que mi cuerpo entre en tensión al pasar largo rato con esa persona?

¿Y por qué?

¿Es posible también que después de tal encuentro me encuentre mal durante mucho tiempo?

¿Y por qué?

— Cuando pienso en la manera en que me trato a mí mismo, ¿podría decir que hay cosas que tenga una tendencia a la autodestrucción?

Al hacer esas «cosas», ¿soy agresivo únicamente *conmigo* mismo?

— Cuando me miro en el espejo y veo mi rostro y me miro con tanta agresividad como nadie en el mundo, ¿dirijo esta agresividad de veras hacia *mí mismo*?

**III.** ¡Ningún ser humano es solamente un Tipo! Ante todo, siempre es también una persona. Por ello el Conciliador, que ha negado el desarrollo de su personalidad hasta ahora, no puede excusarse con el pretexto de no ser apto para esta vida tan agotadora.

La vida no sólo tiene carácter de deseos, sino también «carácter de misión». «La vida misma le plantea las preguntas al ser humano. Él no debe preguntar, sino que él es quien es preguntado por la vida y debe responderle a la vida y hacerse responsable de ella.»*

¿Verdad que esta frase es una gran impertinencia?

Sí, es una impertinencia, porque exige que una persona no sólo se pregunte qué busca y qué desea, sino también qué misiones *le depara la vida*.

* El concepto de «carácter de misión» y la siguiente frase sobre la vida, ambas un tanto esquivas, proceden de Viktor E. Frankl en *Ärtzliche Seelsorge*, Viena 1983, pág. 72.

Yo encuentro el sentido si me pregunto por mi propio ser. Pero a veces también encuentro el sentido al preguntar cuál es mi tarea aquí y ahora aunque esta tarea no parezca corresponder ni a mi estructura interior ni a mis inclinaciones personales.

Quizá vea esta tarea en una persona discapacitada, un proyecto social, una enfermedad o quizá en forma de una posibilidad de ser feliz, que nunca esperaba.

Hay tareas quc llcvan consigo cicrtos valores y cuyas posibilidades de sentido sólo llegamos a percibir cuando empezamos a *vivirlas*. Si dejamos que se adentren en nosotros, experimentaremos que son factibles y que pueden ser favorables, no sólo para los demás, sino también para nosotros mismos. Y el Conciliador se preguntará: ¿y cómo puedo encontrar las tareas que me darán la felicidad?

Aquí aparece de nuevo la agresividad oculta, con la cual él se rechaza a sí mismo, igual que a los demás. «Tareas que nos dan la felicidad». ¿Acaso estas palabras no resultan algo irónicas? Mientras el Conciliador persevere en esta agresividad ambigua, no logrará abrirse a sí mismo ni a la vida. En caso contrario, estas preguntas podrían ayudarle:

— ¿Lo que hago ahora es lo que quiero?
— ¿Intuyo qué persona de mi entorno espera a que *yo* hable con él?
— Me quejo de que el grupo con el que «debo» colaborar se comporta de forma poco humana.
  ¿Acaso no puedo transmitirles un poco de calor humano?
— ¿Qué es lo que más me altera interiormente?
— ¿Me complace saber que no hago nada por cambiar esta situación?
— ¿Acaso nadie me recuerda que las dotes que poseo (y no disfruto) podrían hacer bien al mundo?

IV. ¡La tierra interior del Conciliador es tan extensa...! Es allí donde reside, como sabemos, no sólo su posibilidad sino también su riesgo. Pero al no conocerse a sí mismo, tampoco conoce sus posibilidades. Como no es consciente de sí mismo, no puede ser consciente de su propio valor. Y quien no sabe quién es, ¿cómo puede saber cuál es su tarea en la vida?

Afortunadamente, el Conciliador que ha comenzado a preguntarse por sí mismo se interesa fácilmente por su mundo todavía inconsciente. Y entonces quiere saber quién es originalmente.

Si no le acompañara un experto durante su viaje interior (algo que sería deseable en una persona con su estructura), podría servirse de las siguientes frases:

— Pienso muy a menudo que no quiero saber nada más del mundo. ¿Sería justo que el mundo tampoco quisiera saber nada *de* mí?
— Si finalmente consiguiera llegar a mi isla soñada, ¿qué haría?
— El presente es el «lugar» en el cual existe el ser humano.
— ¿Existo *yo* en el presente?
— Si estuviera libre del miedo a las personas, ¿las querría más?
— He olvidado disfrutar de mis talentos para la vida. ¿Acaso esperan que los experimente?
— ¿Empiezo a intuir que el miedo que siento es tan grande porque conozco tan poco de la realidad?

V. La paz interior y el amor tierno, incluso a sí mismo, son las posibilidades especiales de las personas con la estructura del Conciliador.

Acompañé a una mujer, que había llegado a conocerse bien a sí misma, a través de una imaginación hacia el «lugar del amor a uno mismo»:

Empieza su «caminata» en una escalera de piedra que conduce hacia una bóveda subterránea. A pesar de su profundidad, consigue orientarse bien.

Al llegar al final de la escalera, encuentra en una habitación redonda, de tamaño medio, atravesada por una fuerte luz. Nada le resulta molesto. La sala es clara y le da la sensación de libertad.

Se dirige hacia el centro y allí encuentra una flor cuyo aroma fluye hacia ella. Observa el centro de la flor y guarda silencio durante largo rato.

Entonces oigo su voz:

–No quisiera decir lo que veo aquí...»

Sigue callada y entonces me dice lo que tanto le conmueve:

–Me veo a mí misma como nunca antes me vi. Veo un rostro que me gusta.»

# Pautas para el desarrollo de la personalidad

1. Una vida con sentido significa vivir en el tiempo. Perderse en el pasado o en el futuro es vivir sin sentido.

2. Una vida con sentido es una vida espiritual en el presente.

Vivir espiritualmente en el presente significa despedirse de las heridas del pasado que tienden a influir en el presente.

Los *acontecimientos*, en el momento cuando suceden, ya se convierten en pasado. Los *sentimientos* unidos a estos acontecimientos permanecen en el presente hasta que yo personalmente adopte una determinada postura referente a ellos.

3. No hay nada en la vida que me libere tanto como la búsqueda de las propias verdades. No hay nada que me esclavice más que su represión.

La represión es el rechazo de la verdad. Rechazar la verdad es falsificar la vida. Falsificar la vida induce a un falso modo de vivir.

4. En mí no hay nada tan débil como mi propio espíritu. Y a la vez,tampoco hay nada tan débil como el mismo espíritu.

El espíritu no es un instinto y no aparece por sí solo, sino que se desarrolla en la medida en que *medito* sobre él.

5. Meditar sobre el espíritu es meditar sobre los *valores* con sentido. Si me adentro por *completo* en estos valores con mi sentimiento, mi espíritu se despliega y me transmite la fuerza necesaria para la realización de los valores.

El espíritu se despliega (y se enfurece) también al admitir la conmoción por mi vida impersonal y al hacerme consciente de que vivo distanciado de mí mismo y del sentido.

El espíritu humano se establece en mi mundo interior y lo experimento en el momento que me aventuro en éste.

Experimentar el mundo interior es experimentar las posibilidades interiores de la vida y experimentar los bloqueos interiores, que me impiden llevar una vida lograda.

No hay vida llena de espíritu, o sea *no* hay vida lograda, *sin* un análisis existencial de mis bloqueos interiores. *No* hay vida lograda *sin* la aceptación existencial de mis posibilidades interiores.

6. Los caminos para meditar sobre el mundo interior son variados. No existe un camino adecuado para todas las personas. Lo que diferencia estos caminos es la *mirada* diferente del ser humano interior. Por ello es importante que la persona, que busca este tipo de camino, analice la imagen de hombre o mujer en la que está basada.

Existe un camino al cual nadie puede renunciar en nuestro tiempo: el camino del silencio. Es el polo opuesto necesario para combatir el estrés y su origen: que es la materialización de la vida.

7. Una vida con sentido es en primer lugar una vida lograda en la relación de persona a persona. Las buenas relaciones no viven tanto de los buenos propósitos, sino más de la comprensión del ser *diferente* de los demás y de las distintas visiones

sobre la vida. El conocimiento humano es algo que se puede adquirir.

8. La posibilidad del desarrollo personal se basa en la capacidad innata de (casi) toda persona de decidir libremente en la vida, dentro de sus limitaciones. También se basa en el anhelo de ser una persona completa.

Puedo reprimir mi libertad y también mis anhelos. Puedo admitir mi libertad y también mis anhelos.

9. Viendo el estado nada paradisíaco del mundo, el arte de vivir seguro que no reside en querer que «todo» sea diferente ni tampoco en no querer ni iniciar el desarrollo personal.

El arte de vivir comienza al decidirse por la vida. Empieza con el esfuerzo por comprenderme a mí mismo, no sólo como una necesidad, sino como una *posibilidad* fascinante para saber impregnarme y crearme a mí mismo y a la vida que me rodea.

10. Casi todas las crisis son un favor para el ser humano en particular y para las naciones enteras.

Las personas pueden pasar por alto esta posibilidad y caer en la autocompasión. Pero también tienen la posibilidad de buscar la «verdad» en esta crisis y sacar las conclusiones pertinentes.

11. Es fácil rechazar la vida. Pero aceptar la vida tal y como es y sacarle el máximo partido es difícil y fácil a la vez. Sin embargo la facilidad aumenta con el curso del tiempo, a medida que vaya comprendiendo más y más lo que sólo al pensamiento debilucho le parece contradictorio: que *yo*, y nadie más, soy el único responsable de la trayectoria de mi

vida; pero que esa gran vida por *sí misma* también me puede conducir a mí al lugar que mi alma tanto ha soñado.

12. ¿De qué depende todo esto? Depende...

... de que yo, al plantearme las cuestiones de la vida, escuche más a mis sentimientos que a la razón

... de que no delegue mi responsabilidad en los demás

... de que observe lo más posible aquello que realmente existe

... de que esquive lo menos posible

... de que nunca abandone la búsqueda de razones para la esperanza

... de que busque el amor en mí mismo

... de que nunca deje de sorprenderme de la persona que nunca puede ser suplida, de la persona que parece destruirse a sí misma, ni tampoco de quien sigue el hilo del sentido a través de su vida

... de que nunca deje de sorprenderme de la estrella azul en la que vivimos, una estrella que maltratamos y que sin embargo siempre nos proporciona un hogar

... de que nunca deje de sorprenderme: de «la vida» que nos permite vivir, a pesar de ser como somos.

## ACERCA DEL AUTOR

UWE BÖSCHEMEYER cursó estudios de teología, psicología y filosofía. Durante dos años fue pastor de una parroquia y trabajó durante seis años como profesor ayudante de teología sistemática y ética social en la Universidad de Hamburgo. En 1974 hizo su doctorado con el psiquiatra y neurólogo austriaco, Viktor E. Frankl, en Viena. Tras varias estancias de estudios con Frankl en Viena, termina su formación en Logoterapia Existencial, una forma de psicoterapia centrada en el desarrollo de la personalidad a través de la búsqueda del sentido.

Böschemeyer es el director del Instituto Hamburgués de Análisis Existencial y Logoterapia, donde difunde sus enseñanzas teóricas y prácticas. En el año 2000 obtuvo el Certificado Europeo de Psicoterapia (ECP) y desde 2002 es profesor de la Academia Europea de Psicoterapia en Viena. Böschemeyer publica artículos en uno de los grandes periódicos de Alemania y ha escrito un gran número de publicaciones y libros científicos que han sido traducidos ya a varios idiomas.

### PARA MÁS INFORMACIÓN

Si desean recibir información sobre los actos que organiza el Instituto de Análisis Existencial y Logoterapia pueden dirigirse a la secretaría del mismo:

HAMBURGER INSTITUT FÜR EXISTENZANALYSE UND LOGOTHERAPIE

Gartenstrasse 20
21227 Bendestorf/ Nordheide
Alemania

# ÍNDICE